Hildegard Schmittfull

Ehe Abraham wurde, BIN ICH!

Hildegard Schmittfull

Ehe Abraham wurde, BIN ICH!

Mystik entdecken mit Zen und biblischen Schlüsselworten

HERDER

FREIBURG · BASEL · WIEN

www.herder.de

Illustrationen im Innenteil: Monika Risse
Satz: Daniel Förster, Belgern
Herstellung: GGP Media GmbH, Pößneck

Printed in Germany

ISBN 978-3-451-39294-8

Inhalt

Vorwort

von Niklaus Brantschen

Der Geist des Ostens steht vor der Tür. So konnte C. G. Jung noch vor wenigen Jahrzehnten sagen. Heute hat dieser Geist unser Haus betreten. Buddhastatuen, Gongs und Räucherstäbchen geben Zeugnis davon. Der Geist des Ostens zeigt sich auch in den vielen buddhistischen Gemeinschaften, die etwa in der Deutschen Buddhistischen Union zusammengefasst sind. Vor allem beseelt der Geist die Menschen, die – ob sie einer Religion zugehören oder nicht – ernsthaft Yoga oder Zen praktizieren. Für sie ist die Frage, die Jung sich noch gestellt hat, überflüssig. Die Frage nämlich, ob der Geist des Ostens eine Infektion auslöse oder ob er ein Heilmittel sei. Der »östliche Geist« hilft ihnen, das Entweder-oder-Schema – draußen oder drinnen; Subjekt oder Objekt; ich oder die Welt – zu relativieren und die andere Hälfte ihrer Seele zu finden. Diese andere Hälfte ist geprägt durch eine Kultur der Stille, durch den Einbezug des Leibes in die Übung und durch das Gewicht, das der Erfahrung beigemessen wird.

Hier ist der Ort der Kontemplationsschule *via integralis*. Zu ihrem Alleinstellungsmerkmal gehört, dass sie nach dem Prinzip »Nicht zwei, nicht eins« zwei Wege zusammenführt, ohne sie zu vermischen. Pia Gyger, die mit mir die Schule gegründet hat, pflegte zu sagen: »Kein Birchermüsli«. Die *via integralis* bietet nicht so etwas wie eine Meditation »im Stile des Zen« an. In ihr wird Zen praktiziert, das *munen-muso*, die Meditation ohne Gedanken und ohne Begehren, wörtlich genommen. Dieser Weg führt zur Erfahrung der Leere-Unendlichkeit. Anders gesagt: zur Erfahrung jener Stille, die hinter der

Stille liegt und die nicht zu verwechseln ist mit einer gefühlten Stille oder mit der »inneren Ruhe«. Die *via integralis* nimmt die Zen-Praxis ernst. Das ist das eine Element. Das andere ist: Im Geiste eines genuinen Zen lassen sich Menschen, welche die *via integralis* praktizieren, auf die Bibel und auf Schriften von Mystikerinnen und Mystikern ein und schöpfen aus dem grundlosen Grund, der allen spirituellen Traditionen gemeinsam ist. Eine Möglichkeit, besonders dichte Texte zu erschließen, bietet dabei die Übung mit den *Schlüsselworten*, wie sie im vorliegenden Buch erstmals ausführlich dargestellt werden.

Ehe Abraham wurde, bin ich konnte nur von Hildegard Schmittfull geschrieben werden. Sie ist – wie die anderen Autorinnen und Autoren, die in diesem Buch zu Wort kommen – in »Ost« und »West« daheim und lebt in ihrem Herzen die *via integralis*. Was sie schreibt, ist nicht graue Theorie, sondern fließt aus einer jahrelangen eigenen Praxis und aus der Begleitung zahlloser Menschen auf diesem Weg. Das Buch ist geeignet nicht nur für Menschen, die in der *via integralis* unterwegs sind. Es ist ein Wegweiser für alle, die sich auf der Suche nach einem erfüllten Leben einen Kompass wünschen, der – im Spannungsfeld zwischen Ost und West – zur Mitte des Herzens führt und zu einem nachhaltigen Wirken in dieser Welt.

Noch ein Vorwort

von Hella Sodies und Oliver Deussen

Eine Schülerin und ein Schüler von Hildegard Schmittfull im Gespräch darüber, warum es dieses Buch braucht.

Hella: Ich bin froh, dass Hildegard sich einen Ruck gegeben und dieses Buch in Angriff genommen hat. Meiner Ansicht nach ist es höchste Zeit, dass sie ihre Erfahrungen auf dem Weg der Schlüsselworte weitergibt und Interessierten über den Kreis der *via integralis* hinaus zugänglich macht.

Oliver: Ja, stimmt, ich war am Anfang wirklich skeptisch, was es auf sich hat mit den Schlüsselworten, auch mit den vergleichbaren Koans aus dem Buddhismus. Jetzt aber habe ich ein ganz neues und für mich auch tieferes Verständnis vieler Bibelstellen gewonnen. Ganzheitlicher, jenseits der üblichen rationalen oder emotionalen Zugänge. Wie ist das eigentlich für dich, so quasi als Profi mit theologischer Ausbildung?

Hella: Das geht mir ähnlich; klar, im Theologiestudium (kath.) und darüber hinaus habe ich diverse Zugänge zu biblischen Texten und Exegesemethoden kennengelernt; darunter vieles, was hilfreich für mich war und ist und ich nicht missen möchte. Aber der Großteil dieser Zugänge geht fast ausschließlich über den Intellekt. Den Weg der Schlüsselworte erfahre ich dagegen existenziell und unmittelbar. Erfahrung ist für mich daher auch der Oberbegriff zu diesem Weg.

Er korrespondiert damit, dass wir uns in der *via integralis* von den Mystikerinnen und Mystikern inspirieren lassen: Menschen, die das Göttliche erfahren, geschmeckt, manchmal auch durchlitten haben.

Wir erfahren etwas, wenn wir uns auf ein Schlüsselwort einlassen. Ich erlebe mich von einem Bibelwort auf einer ganz anderen Ebene als in der wissenschaftlichen Exegese berührt. Auch wenn es natürlich nicht immer schöne Erfahrungen sind. Manche sind zumindest im ersten Moment verstörend. Ich denke, du kennst das auch, dass ein Schlüsselwort dich so tief treffen kann, dass es auch erst mal wehtun oder dich ziemlich durcheinanderbringen kann?

Oliver: Oh ja! Die tiefe Auseinandersetzung mit einem Schlüsselwort geht ja manchmal über viele Wochen, und manchmal trifft es einen dann unvermittelt und mit großer Wucht, gelegentlich auf eine wirklich verstörende Weise. Es offenbart sich etwas, wie du sagst, unmittelbar und existenziell. Und das kann einen dann tatsächlich auch mal aus der Bahn werfen. Daher ist es so wichtig, den Weg tiefer Meditation und mit Schlüsselworten in Begleitung einer erfahrenen Lehrerin bzw. eines Lehrers zu machen, der/die diesen Weg kennt und solche existenziellen Erfahrungen. Für mich war das insbesondere an einer Stelle wirklich ganz wichtig. Man schließt mit einer solchen Erfahrung auch nicht einfach ab, trotz Begleitung kaut man an ihr eine lange Zeit herum, es ist ein langer Weg von Integration und Akzeptanz.

Hella: Stimmt, aber es ist auch ein schöner und sehr inspirierender Weg, der durch die Unmittelbarkeit der Erfahrung stets in den Alltag führt. Das schätze ich generell an der *via integralis* und besonders auch am Unterwegssein mit den Schlüsselwörtern. Immer wieder werden wir auf die Frage zurückgeworfen, wie dieses Wort in unserem Leben ganz konkret Frucht trägt, wie es lebt in uns und durch uns. Das ist etwas, was mir in meiner katholischen Tradition oft zu kurz kommt. Ich erlebe vonseiten der Amtskirche eher die Haltung, dass die kirchliche Lehre und deren Vermittlung der persönlichen Erfahrung übergeordnet wird und damit der Alltagsbezug für viele Menschen verloren geht oder erst gar nicht entsteht. Wie erlebst du das in deiner Kirche?

Oliver: In der evangelischen Kirche und insbesondere im evangelikalen Bereich gibt es eine viel größere Offenheit gegenüber persönlichen Erfahrungen, das schon. Diese Erfahrungen sind aber meist auf gefühlsmäßige Eindrücke beschränkt und werden oft sofort rational/theologisch eingeordnet. Dass es darüber hinaus weitere Erfahrungsmöglichkeiten gibt, wird jedoch oft negiert, und vieles, was mit Meditation zu tun hat, wird zumindest im evangelikalen Bereich sehr kritisch beäugt. Da gibt es große Sorge vor buddhistischen Einflüssen, vor unbiblischen Inhalten. Ich gebe meine eigenen Kurse in einem evangelisch geprägten Umfeld und muss daher immer wieder erklären, wie Kontemplation z. B. durch Luther selbst gelebt wurde. Biblische Schlüsselworte könnten aber gerade Gläubigen mit einer starken Fokussierung auf das biblische Wort helfen, ihren Horizont zu erweitern. Ich hab da ganz viel Hoffnung, denn es gibt ja eine große Sehnsucht nach tiefen Erfahrungen, nach vertiefter Spiritualität.

Hella: In diesem Sinne wünsche ich Hildegards Buch viele Leserinnen und Leser, die sich dadurch ermutigen lassen, sich mit der *via integralis* und mystischer Spiritualität auseinanderzusetzen und sich vielleicht selbst auf den Weg der Schlüsselworte zu begeben.

Einleitung

»Wenn Religion auf das Auge der Kontemplation verzichtet, bleibt ihr nur noch das Auge des Geistes (dann wird sie von der modernen Philosophie zerrieben) und das Auge des Fleisches (und dann macht ihr die moderne Wissenschaft den Garaus). Wenn die Religion etwas besitzt, das nur sie besitzt, dann ist es die Kontemplation. Das Auge der Kontemplation ist es auch, das, wenn richtig eingesetzt, allen drei Strängen einer gültigen Erkenntnis folgt. Die große, beständige und einzigartige Stärke der Religion liegt also darin, dass sie in ihrem Kern eine Wissenschaft der spirituellen Erfahrung ist.«[1] – In dieser integralen Sichtweise des Bewusstseinsforschers Ken Wilber, in der er darauf hinweist, dass Religion ohne mystische Erfahrung und den kontemplativen Weg verarmt und in der heutigen Zeit keine ernst zu nehmende Partnerin in der Wahrnehmung und Deutung von Weltzusammenhängen ist, erlebe ich eine starke Motivation für die Praxis der Kontemplation und für die Reflexion über die damit verbundenen Erfahrungen, wie es in diesem Buch versucht wird.

Menschen werden geboren, um etwas Neues anzufangen, sagt die jüdische Philosophin Hannah Arendt. Sie spricht von einer Kraft der Geburtlichkeit, die uns durch unser ganzes Leben begleiten sollte.[2] Unseren Kirchen, die jedes Jahr das Hochfest der Geburt Christi feiern, ist diese Kraft als Wesensmerkmal sozusagen in die Wiege gelegt. In einer Zeit des Übergangs, wie wir sie derzeit dramatisch erleben, tut es uns gut, diesen Kräften deutlicher Raum zu geben. Leider sind wir vielerorts stärker den beharrenden und bewahrenden Kräften ausgesetzt.

Wir sind Teil dieses Übergangs und auch Teil der Lösung dieser Krise. Derzeit muss der spirituell suchende und hellhörende Mensch seinen Weg selbstständig finden und gehen. Damit ist ihm

Selbstverantwortung und Mündigkeit zugemutet. Positiv formuliert: Wir sind als Gläubige dabei, aus den Kinderschuhen herauszuwachsen. Den Weg dazu hat Karl Rahner mit seiner allseits bekannten Aussage formuliert: »Der Fromme von morgen wird ein ›Mystiker‹ sein, ein Mensch, der etwas ›erfahren‹ hat, oder er wird nicht mehr sein.«[3] Und in denen, die etwas erfahren haben, wächst eine Gewissheit und ein Vertrauen zu der Wirklichkeit, die der Grund unseres Lebens ist. Es ist **diese** Gewissheit, die einen Gegenpol setzt zu der Brüchigkeit in unserem Leben und uns die Augen öffnet für das Wirken der Geistkraft Gottes in allem Wandel. Ich denke, wir alle müssen Neues lernen, und unsere Kirchen müssen sich als lernende Institutionen begreifen. Für uns heißt lernen,

- dass wir Gott, die Welt, die Menschheit und unsere Beziehung zu ihnen mit anderen Augen wahrnehmen; d.h., dass wir fähig werden, unseren inneren Ort zu verändern, um neue Dimensionen zu sehen;
- dass wir uns bewusst sind, dass wir immer (auch bei unseren Erfahrungen) in Bildern und Konzepten sprechen, für die wir nicht den Anspruch erheben können, dass sie die volle Wirklichkeit abbilden;
- dass das, was wir *glauben*, authentisch ist, weil wir es erfahren haben;
- dass wir keine Berührungsängste zeigen und offen sind für Erkenntnisse aus anderen religiösen und kulturellen Traditionen, die uns helfen, die eigene Tradition besser zu verstehen;
- dass wir – bzw. die heilige Geistkraft durch uns – unsere kreative Energie entfalten, um am lebendigen Schöpfungsprozess teilzunehmen.

Ein solches Schöpfungsgeschehen ist für mich die Schaffung eines kontemplativen Initiationsweges, der in der Kontemplationsschule *via integralis* entwickelt wurde. Wir verdanken ihn einem Impuls von

Pia Gyger, meiner Mitschwester im Katharina-Werk, Basel.[4] Viele meiner Erkenntnisse sind von ihr inspiriert. Mit ihren spirituellen Visionen hat sie in mir und vielen anderen Perspektivenwechsel und Horizonterweiterungen bewirkt. Sie hat uns gelehrt, individuelle und kollektive Ereignisse evolutiv zu sehen und sie so im Kontext unserer Zeit zu verstehen. Sie war Auslöserin vieler Lernerfahrungen und Begleiterin auf vielen Schritten unseres Weges. Seit den frühen Achtzigerjahren war sie meine Kontemplationslehrerin und später auch meine Zen-Lehrerin.

In diesem Buch soll im ersten Teil die Geschichte dieses Initiationsweges blitzlichtartig beschrieben werden, ebenso die Wurzeln, die dieses Projekt speisen. *Via integralis* verbindet zwei religiöse Traditionen. Es ist uns wichtig, die Gemeinsamkeiten zu sehen, aber auch die Unterschiede zu benennen, zum Beispiel bezüglich der Deutung der letzten Wirklichkeit. Die christliche Perspektive unterscheidet sich vom Buddhismus durch ihre andere Sichtweise im Umgang mit der Materie. Inkarnation, Erlösung und Auferstehung sind Heilsgeheimnisse, die im Leib und mit ihm und der ganzen Schöpfung geschehen. Das mögen kurze Hinweise sein, die es sinnvoll machen, beide religiöse Traditionen von ihrem Glaubenshintergrund transparent werden zu lassen.

Im zweiten Teil des Buches werden Vorträge zu einzelnen biblischen Schlüsselworten eingebracht, die eine Ahnung geben wollen von dem, worum es in dieser Praxis geht. Erfahrung und Reflexion fließen hier in eins. Ich teile die Autorenschaft für diesen Teil mit Lehrerinnen und Lehrern der *via integralis.* Wo nicht eigens ein Name auf die Herkunft des Textes hinweist, stammen die Ausführungen von mir.

Natürlich sind wir nicht die Einzigen, die mit biblischen Schlüsselworten arbeiten. Ich erinnere an den Zen-Meister P. Willigis Jäger OSB (1925–2020), bei dem manche seiner Schülerinnen und Schüler über Schlüsselworte gesessen haben. Aber vor allem an die Zen-Lehrerin Sr. Ludwigis Fabian OSB (1933–2016), die den von ihr entfalteten Weg »Rhema-Schulung« genannt hat. Mit ihr durften wir in einen Dialog eintreten, der sehr inspirierend für uns war. Was unseren Initiationsweg speziell macht, ist seine Systematik und die Integration in unsere Organisation. Wer von den Lehrenden neben einigen weiteren Voraussetzungen eine bestimmte Anzahl von Schlüsselworten gelöst hat, ist befähigt, die zweite Stufe der Lehrerlaubnis zu erhalten. Diese ist die Basis für das Begleiten von Schülerinnen und Schülern auf dem Weg der Schlüsselworte.

1. TEIL

WURZELN UND GRUNDLAGEN DES WEGES DER SCHLÜSSELWORTE

1. Entstehung und Heimat des Wegs der Schlüsselworte in der *via integralis*

In Rückbindung an Pierre Teilhard de Chardin schreibt Ken Wilber: »Wenn es sich als richtig herausstellen sollte, dass die Evolution jetzt dabei ist, kollektiv die höheren Stufen der Großen Kette zu entfalten, wie sie bereits die niedrigen entfaltet hat, dann würde echter Religion – echter Spiritualität und den tiefen Wissenschaften des Innen – eine nie dagewesene Rolle als Vorhut der Evolution zufallen, als Wachstumsspitze des universellen Organismus, der sich auf seine eigenen höchsten Potenziale hin entwickelt, nämlich die in stetigem Werden begriffene Verwirklichung und Aktualisierung des Geistes.«[1] So gesehen würde sich in einem weitaus höheren Maße als bisher eine Potenzialität der Religion offenbaren, die sie befähigt, für die Menschheit Spuren in die Zukunft zu legen. Möge unser hier beschriebener Weg in diesem Dienst stehen.

Ein verlockender Ruf

Es war im September 1986: Wir – vier Mitglieder des Katharina-Werkes – sind im Auto auf dem Weg nach Aachen zum Katholikentag. Unterwegs erzählt Pia Gyger uns von ihrem inneren Impuls und Wunsch, in die christlichen Kirchen hinein einen Initiationsweg auf der Basis biblischer Schlüsselworte zu entwickeln, der dem Koan-Weg der buddhistischen Zen-Tradition ähnlich ist und eine Öffnung für mystische Erfahrungen in der christlichen Tradition fördern könnte. Sie fragt, ob wir Lust hätten, an diesem Projekt mitzuarbeiten.

Für mich war dieses Gespräch eine Sternstunde. In diesem Moment wusste ich: Dies ist mein Ort, ja, an diesem Projekt wollte ich mitarbeiten. Mit diesem von Gyger anvisierten Gefäß könnte für Menschen ein Rahmen geschaffen werden, von innen her christliche Glaubensinhalte und biblische Texte der Erfahrung zugänglich zu machen. Lange schon war es mir ein Anliegen, an der Erneuerung der Kirche mitzuarbeiten. Ich entschied mich, den Koan-Weg zu gehen, und bat Niklaus Brantschen, mich auf diesem Weg zu begleiten.[2] Besser, so war ich überzeugt, könnte ich mich nicht auf dieses Projekt vorbereiten.

Diesen Weg gehen zu können, war für mich ein Privileg. Es war das Beste, was mir in meinem Leben geschehen konnte. Es hat mir neue Räume geöffnet, nicht zuletzt für meine eigene christliche Tradition, es hat mir eine große innere Freiheit geschenkt und mich Verbundenheit mit allem Leben erfahren lassen. Schließlich mündete der Weg 2010 ein in meine Ernennung zur Zen-Lehrerin Cho-Shin (strahlender Herzglaube).

Die Idee, einen christlichen Initiationsweg in unsere Kirchen hinein zu entfalten, brauchte mehrere Jahre, bis die ersten Schritte zur Realisierung geschahen. Im Jahr 2000 lud Glassman Roshi (1939–2018) Pia Gyger und Niklaus Brantschen zusammen mit Vertreterinnen und Vertretern aus der buddhistischen, jüdischen, christlichen und muslimischen Tradition nach Jerusalem zu einem Seminar ein, über dessen Zweck Brantschen schreibt: »Es galt, aus dem spirituellen Reichtum der Religionen Sätze mit koan-ähnlichem Charakter zu sammeln. Jede Gruppierung legte den einen oder anderen Satz vor, der paradox genug schien, um das Prädikat ›koan-ähnlich‹ zu erhalten. Als wir – Pia Gyger und Niklaus Brantschen – als Vertreter der christlichen Gruppe an der Reihe waren, präsentierten wir als Erstes den Satz aus dem 8. Kapitel des Johannesevangeliums: ›Ehe Abraham wurde, bin ich‹. Dieser Satz sprengt in der Tat die Dimensionen von Raum und Zeit und öffnet die Tür zu einer existenziellen Erfahrung.

Das angestrebte Fernziel des Seminars war, ein *interreligiöses Koan-System* zu erstellen. Ein Ziel, das in dieser Form damals nicht erreicht werden konnte. Aber die Samen waren gesät und wirkten in uns nach.«[3]

Glassman ermutigte Gyger und Brantschen, eine Kontemplationsschule zu gründen, was im Jahr 2004 erfolgte. Der kontemplative Weg fand mit der Übung des Zen in Verbindung mit dem Versenkungsweg der christlichen Mystik in der *via integralis* ein neues Gefäß.

Von der Vision zur Realisierung

Pia Gyger war leidenschaftlich engagiert, an einem neuen Bewusstsein mitzuarbeiten. So schrieb sie einmal: »Um ein neues Bewusstsein zu entwickeln und umzusetzen, sind, aus unserer Erfahrung, jeweils drei Schritte erforderlich: Es braucht zuerst eine klare und inspirierende Vision. Im nächsten Schritt braucht es deren Erdung und Konkretisierung durch ein tragfähiges Konzept. Und schließlich finden Umsetzung und Realisierung von Vision und Konzept durch ein Projekt statt.«[4] Genauso erlebten wir den in der Folge stattfindenden Prozess.

Im Jahr 2007 begann das Leitungsteam mit der Sammlung der ersten zwanzig biblischen Schlüsselworte. 2009 bis 2011 bildete sich eine Pioniergruppe von etwa zwölf Kontemplationslehrerinnen und -lehrern, die sich als Experimentiergruppe verstand. Wir saßen jeweils gemeinsam über einem Schlüsselwort und tauschten dann im Miteinander die Antworten aus. Bald darauf entstand das Curriculum für die Lehrerlaubnis der Stufe II auf der Basis der Schlüsselworte. Kontemplationslehrerinnen und -lehrer, denen diese Lehrerlaubnis zugesprochen wird, können ein Lehrer-Schüler-Verhältnis eingehen und Menschen auf dem Kontemplationsweg mit Schlüsselworten begleiten. Im Jahr 2012 bildete sich aus der Pioniergruppe eine Supervisionsgruppe, die sich regelmäßig traf, um gemeinsam zu sitzen und sich über Schlüsselworte auszutauschen. 2018 kam eine weitere Sammlung von 35 biblischen Schlüsselworten hinzu, die ergänzt wurden aus dem Talmud, dem Thomasevangelium und aus Texten christlicher Mystikerinnen und Mystiker. Eine dritte Sammlung, in der sich auch interreligiöse Schlüsselworte finden werden, ist jüngst entstanden.

Meine Befürchtung, dass die biblischen Sätze für uns Christinnen und Christen zu vertraut sind, um neue Erfahrungen machen zu können, hat sich nicht bestätigt. Nicht lange, nachdem ich angefangen hatte, über sie bei Pia Gyger zu sitzen, wurde mir 2010 ein erschütterndes Durchbruchserlebnis geschenkt mit dem Satz »Im Anfang war das Wort«. Es war eine Erfahrung, die mir mit aller Deutlichkeit zeigte, dass diese Schlüsselworte in der Haltung des Nichtwissens und der Offenheit für das auftauchende Entgegenkommende völlig neue Dimensionen eröffnen.

2. Wer oder was ist *via integralis*?

Die Lassalle-Kontemplationsschule *via integralis* verbindet, wie bereits angeführt, die Übung des Zen mit dem Versenkungsweg der christlichen Mystik.[1] »Integral – dieses Wort bedeutet integrieren, vereinigen, vernetzen, umfangen. Dabei geht es nicht um Uniformität und nicht um ein Ausbügeln all der wunderbaren Unterschiede ... Es geht vielmehr um eine Einheit in der Vielfalt, in der man Gemeinsamkeiten zusammen mit unseren wundervollen Unterschieden genießen kann.«[2]

Aus der Zen-Tradition übernehmen wir dankbar den äußeren Rahmen mit den Ritualen sowie die Körper- und Geisteshaltung, die in jahrhundertelanger Praxis entwickelt wurde und unübertrefflich hilfreich für den Weg nach innen ist. Parallel dazu motivieren uns christliche Mystiker und Mystikerinnen mit ihren hinweisenden und deutenden Impulsen für die kontemplative Versenkung und den Weg der Einung mit dem Göttlichen. Beiden Traditionen geht es darum, zu erfahren, was uns im Innersten angeht. Was in der Zen-Sprache Satori bzw. Kensho[3] oder die Erfahrung der Wesensnatur genannt wird, findet in der christlichen Tradition in der sog. *via illuminativa* (Weg der Erleuchtung) eine Entsprechung.

Via integralis integriert neben den beschriebenen spirituellen Traditionen die für die Übung relevanten Erkenntnisse aus Psychologie, Naturwissenschaft und Bewusstseinsforschung. Ihrem Selbstverständnis entspricht es, lernende Organisation und Versuchslaboratorium zu sein, indem wir uns inhaltlich in Texte aus dem Zen-Buddhismus und der christlichen Mystik vertiefen, indem wir unsere Erfahrungen aus den Einflüssen beider Traditionen reflektieren, indem wir im Miteinander von hierarchischer und partizipatorischer Leitung experimentieren und auch indem wir den Initiationsweg entwickeln, über den hier berichtet wird.

Via integralis geht und lehrt gleichermaßen einen Weg nach innen wie nach außen. Indem unser Ego-Bewusstsein, das trennt und unterscheidet, in der Kontemplation immer tiefer transformiert wird, wächst das Bewusstsein der Würde und die Verbundenheit zu allem Leben und lässt uns solidarisch werden für eine gerechte und friedliche Welt. Als Teil der Menschheit und Erde wissen wir uns verantwortlich für das Ganze und verstehen unser Bemühen um Einheit und Integration als Beitrag zur humanen und friedlichen Gestaltung des globalen Wandels.[4]

3. Was ist Zen?

Die alten Zen-Meister werden nicht müde, darauf hinzuweisen, welch ein segensreicher Weg in der Praxis des Zen begangen wird und dass alle Zen-übende Weisheitssuchende sind. Einer der Meister ist Hakuin Zenji (1686–1769), von dem gesagt wird, dass er das durch die Jahrhunderte hindurch erstarrte Zen zu neuem Leben erweckt hat. Er sagt »Wer immer diese Wahrheit nur einmal hört, sie wertschätzt und verehrt und mit dankbarem Herzen ihr lauscht, dem werden Segnungen zuteil ohne Ende.«[1]

Ich lasse gerne den Zen-Meister Niklaus Brantschen zu Wort kommen, der die Frage »Was ist Zen?« mit den folgenden Worten auf den Punkt bringt: »Zen ist im heutigen Verständnis von Meditation eine Übung,

- die von der Zerstreuung zur Sammlung, von außen nach innen, von der Oberfläche in die Tiefe führt. Deshalb heißt sie auch *Tiefenmeditation.*
- die, ohne ›Worte und Begriffe‹ zu gebrauchen, mit offenen Augen auf keine bestimmten Gegenstände achtet. Deshalb heißt sie auch *übergegenständliche Meditation.*
- die das aufrechte Sitzen praktiziert. Deshalb heißt sie auch *Sitzmeditation, Zazen.*

Zen ist nichts Exotisches, sondern eine schlichte Übung der Bodenhaftung. Es ist eine entschiedene Hilfe in der Schulung der Präsenz. Es hilft, alles Konkrete, Alltägliche, das Mess- und Greifbare und also auch die Uhr und die von ihr gemessene Zeit ernst zu nehmen. Zugleich lässt sie uns an jenem ›Ort‹ zu Hause sein, wo es kein Kommen und Gehen, kein Vorher und Nachher gibt, wo also vollkommene Freiheit und damit auch Zeitfreiheit waltet. Zen ist kurz gesagt ein WEG – Weg großgeschrieben, denn er führt uns nicht irgendwohin, sondern zu unserem ursprünglichen Wesen.«[2]

Auf diesem Weg war ich 20 Jahre unterwegs. Immer wieder habe ich mich dafür zurückgezogen und mich jährlich zwei bis vier Wochen ins »Kloster auf Zeit« begeben, um mich in die Übung zu versenken und der Koan-Schulung zu widmen.

Die Koan-Arbeit beginnt mit »Mu«, einem Eingangswort, das die erste Schranke der Zen-Erfahrungen darstellt. Das Koan »Was ist der Ton einer Hand?« hat mich persönlich in die tiefste Verzweiflung gestürzt, was sich im Nachhinein als Segen herausgestellt hat. Denn so intensivierte ich meine Übung, sodass sich in mir die Meditationskraft verdichtete. Beim Hören einer Glocke am Nachmittag stand mir die Lösung in einem Moment vor Augen. Ich erfuhr, dass es, tiefer gesehen, gar keine Dualität gibt. Ich war eins mit allem geworden, und so war die Antwort ganz einfach, zu der mir mein Lehrer im nächsten Gespräch gratulierte.

Was ist ein Koan?

Koan ist ein chinesisches Wort und bedeutet wörtlich: ein öffentlich amtliches, mit Autorität versehenes Dokument, auf das sich jedermann verlassen kann. Im Zen ist es die höchste Wahrheit, welche die Buddhas und Patriarchen zum Ausdruck gebracht haben.[3] Der Koan-Weg wurde über Jahrhunderte durch Generationen von Zen-Meistern und -Meisterinnen entwickelt. Koan sind Problemsätze oder Rätselsprüche, die ein Zen-Meister seinen Schülerinnen und Schülern aufgibt, um sie durch die Arbeit an der Lösung zur Erleuchtung zu führen oder – wenn diese schon erreicht ist – zu einem tieferen Verständnis religiöser Erfahrung zu bringen. Wer sich auf diese Arbeit einlässt, der bzw. die muss das rationale Denken und alle inneren Bilder hinter sich lassen und in ein Nichtwissen eintreten. Indem wir nicht auf ein festgesetztes Ziel ausgerichtet sind, sondern mehr auf einen offenen und weiten Blick setzen, zeigt sich das Wesentliche wie von selbst. Unsere geistige Offenheit und Wachheit sind die Voraussetzung dafür, dass sich Unerwartetes zeigen kann.

Auf den ersten Blick erscheint die Aussage eines Koan zutiefst paradox, d. h. ungereimt und widersprüchlich. In einem anderen Licht oder einer tieferen Ebene muss es aber ganz und gar nicht widersprüchlich sein. Zur Lösung eines Koan müssen wir in eine tiefe Versenkung hineinkommen, in der das Bewusstsein gesammelt und geeint ist und die Antwort auftaucht. Wer mit Koan übt, muss sich selbst sterben, muss eins mit dem Koan werden. Das Koan spielt dabei die Rolle des tötenden Schwertes. Die Übende, die Koan löst, muss ihre ureigenste Antwort finden und befindet sich gleichzeitig im Strom einer langen Tradition von Zen-Praktizierenden.[4]

4. Was ist Kontemplation?

»Wenn die Mystik aus unserem Leben verschwindet, erleben wir Seelendürre und Geistestrockenheit. Wenn das Christentum seinen mystischen Hintergrund nicht wiederentdeckt, hat es uns nichts mehr zu sagen.« Mit diesen Worten bringt es der Theologe Jörg Zink auf den Punkt.[1] In den spirituellen Quellen aller großen Religionen gibt es Versenkungswege, die uns vom Oberflächenbewusstsein in die Tiefe weisen. Kontemplation ist ein Weg nach innen in unser eigenes Wesen und zum Wesen der Dinge. Es sind Wege zur mystischen Gottes- und Nächstenliebe. Kontemplation meint das innere Gebet, das Gebet ohne Worte und Bilder.

Meine Lieblingsdefinition fand ich bei Bede Griffiths (1906–1993), einem britischen Benediktinermönch, der im südlichen Indien einen Ashram leitete: »Kontemplation ist das Erwachen zur Gegenwart Gottes im Herzen des Menschen und im uns umgebenden Universum. Kontemplation ist Wissen aus Liebe.«[2]

Im *»Erwachen«* leuchtet etwas auf, das mit der Erfahrung des Staunens einhergeht, ein Entdecken von etwas, das schon da war, aber noch nicht geschaut wurde, jetzt jedoch mit einem hellwachen Bewusstsein wahrgenommen wird. Es ist jene Wirklichkeit, die in der Apostelgeschichte 17,28 so formuliert ist: »In ihm leben wir, bewegen wir uns und sind wir.« Es geht im kontemplativen Gebet um die Erfahrung der Einswerdung mit allem.

»Im Herzen des Menschen« meint, dass sich die Kontemplation im Zentrum unseres Personseins ereignet. Im Herzen sammeln wir uns ein, alle Kräfte werden zurückgebunden, zur Stille gebracht, auf dass alles schweige in uns, damit wir Gott in uns erfahren können. »Selig, die reinen Herzens sind, denn sie werden Gott schauen« (Mt 5,8).

Dieses Schauen beginnt nicht irgendwann, sondern jetzt und hier im Herzen.

»Im uns umgebenden Universum« weist uns darauf hin, dass in der Erfahrung der Einheit nichts, aber auch gar nichts ausgenommen ist. Wer erwacht ist, weiß sich nicht nur mit der ganzen Menschheit eins, sondern auch mit jeder Blume, jedem Stern und jedem Fisch. Es schließt das Mitgefühl mit allem Lebenden ein. So wie es der barmherzige Samariter tut, von dem uns Lukas in seinem Evangelium erzählt. Dieser ist von Jerusalem nach Jericho unterwegs und trifft auf einen, der von Räubern überfallen wurde und halb tot liegen geblieben ist. Die Begegnung bewegt den Samariter in seinem innersten Wesen. Barmherzigkeit befähigt ihn, die Dualität zu überwinden. Entsprechend der Aufforderung »Deinen Nächsten sollst du lieben wie dich selbst« (Lk 10,27) neigt er sich zu dem Verletzten, erkennt sich selbst in ihm und übernimmt Verantwortung. Das ist *Wissen aus Liebe*, das alle nationalen, konfessionellen und religiös-institutionellen Grenzen sprengt.

Wir halten es mit Willigis Jäger, der Kontemplation und gegenstandsfreies Beten gleichsetzt und betont: »Contemplatio ist das Wort, das im ganzen Mittelalter für das gegenstandsfreie Beten verwendet worden ist … Keinerlei Inhalte werden angenommen, selbst religiöse Bilder, Visionen, innere Ansprachen und fromme Gedanken zurückgelassen … Es ist ein Erwachen zu unserem wahren göttlichen Wesen … Die apophatische Spiritualität[3] ist auf das reine, leere Bewusstsein hin orientiert. Inhalte werden als Hindernis gesehen.«[4]

Der Weg vollzieht sich in der christlichen Tradition in einem Dreischritt:

- *Via Purgativa* – Die Anfangenden befinden sich auf dem Reinigungsweg.
- *Via Illuminativa* – Auf dem Weg der Erleuchtung befinden sich die Fortschreitenden, die sich zunehmender Einsicht und Erkenntnis erfreuen.

- *Via Unitiva* – Jene, die eine authentische Erfahrung gemacht haben, begehen den Weg der Vereinigung mit Gott. Konkret geht es dabei um die Integration der Erfahrung in unser alltägliches Leben. Das ist eine Aufgabe, die uns bis zum letzten Atemzug unseres Lebens bleibt.[5]

Es versteht sich von selbst, dass damit kein linearer Weg gemeint ist. Auf diesem Weg sind wir immer wieder herausgefordert, uns innerlich zu reinigen, zu ordnen, zu integrieren. Jede Stufe, die uns dem Urgrund näherbringt, ist erfahrungsgemäß mit einem Reinigungsprozess verbunden. Und die Einsicht und Erkenntnis hört ein Leben lang nicht auf. Mit zunehmenden Erfahrungen sind wir hoffentlich nicht davor gefeit, weiser zu werden.

Johannes Tauler verwendet in seinen Predigten ein zweites Dreierschema: *jubilatio* – die erste Freude des Ansichtig-Werdens von Gott, z. B. mit der Erfahrung der Schönheit der Schöpfung, des ganzen Kosmos, »wie es alles blüht und grünt und voll Gottes ist …«. Mit dieser Freude lockt Gott den Menschen auf den Heilsweg – z. B. ausgedrückt in dem Schlüsselwort von Hildegard von Bingen: »Wenn ich mit offenen Augen betrachte, was du, mein Gott, geschaffen hast, besitze ich schon hier den Himmel.«

Auf die erste Freude folgt das *getrenge* – die Bedrängnis und Drangsal, die auf die erste Gotteserfahrung erfolgt. In dieser Phase wird der Mensch geprüft und muss sich bewähren. In diesem Stadium hat der Mensch die »Arbeit der Nacht« zu vollbringen. Verbunden damit ist der Prozess der Loslösung vom eigenen Ich, von aller Eigensucht. Die spürbare Gottesgegenwart ist dem Menschen entzogen. Gerade das Durchleiden und Ertragen ermöglicht paradoxerweise dann die *übervart* – den Schwung und den Sprung in die glückhafte Vereinigung mit Gott.[6]

Für die Kontemplation braucht es Übung. Das ganze Bemühen von Schülerinnen und Schülern gilt der Erfahrung, eins zu werden mit dem Atem oder dem Wort, über das kontempliert wird. Dazu gilt es schweigend da zu sein, Gedanken und Bilder loszulassen, einzutauchen in das Nichts, das einhergeht mit einem Zustand des Nichtwissens. Mit alten Vorstellungen lässt sich Neues nicht erkennen. Es ist eine Erfahrung des Schöpferischen, denn das Nichtwissen öffnet uns für das, was auftauchen und ankommen will. Dionysios Aeropagita, der Urvater der mystischen Schau, ermahnt seinen Schüler Timotheus, sich erkenntnislos auszuspannen hin zum Geeint-Werden, über das Nicht-Sehen und Nicht-Erkennen hin zum wahren Sehen und Erkennen zu gelangen, das nicht machbar ist, sondern ein Geschehen, das sich als reines Geschenk ereignet.[7]

Die *Stille,* die wir meinen, ist mehr, als keine Worte zu gebrauchen. Es ist ein Eintreten in ein Schweigen, in dem wir darauf verzichten, ständig unsere Sinne zu bedienen oder unseren Geist mit Informationen zu nähren. Stille, die unser Leben verändern soll, braucht Ort und Zeit im Alltag. Erst wer erfahren hat, dass Stille sich in uns ausbreiten kann bis in jede Zelle unseres Körpers, wird ihr tiefes Geheimnis erfahren. Die Stille ist unsere erste Muttersprache, Sprache des Lebens gleichsam. Unser tiefstes Wesen ist Stille als offener, weiter Raum.[8]

Das Stille-Werden impliziert als weiteres unverzichtbares Element die *Achtsamkeit* zu allem, was ich tue. Die Achtsamkeit bringt die Kraft der Konzentration hervor. Sie hilft uns, unsere Aufmerksamkeit auf das zu richten, was wir gerade tun, Präsenz in diesem Moment! Unsere Energien sind normalerweise zerstreut, unser Geist und unser Körper sind nicht in Harmonie miteinander. In dem Moment, in dem wir achtsam werden, schalten wir eine langsamere Gangart ein, wir beginnen einen Damm aufzubauen gegen das Überschwemmt-Werden von Einflüssen. Achtsamkeit ist, im Bild ausgedrückt, wie eine Lampe, mit der wir unser ganzes Wesen und alles, was sich da einstellt, jeden Gedanken, jedes Gefühl ausleuchten. Dadurch entsteht Selbst-Vertrauen, weil wir beginnen, dem zu trauen, was in uns ist. Ich gehe, esse, wasche mich, setze mich …, es ist wie immer, nur tue ich es jetzt bewusst. Diese Übung geht ein Leben lang, es ist nicht nur etwas für Anfängerinnen und Anfänger.[9]

Die dritte Säule in der Übung ist die Konzentration auf den *Atem.* Indem wir dies tun, beginnen wir bei dem, was da ist, nämlich beim Leib. Der Leib wird mit einbezogen bei der Kontemplation, wir sitzen stille – nach unten hin erden wir uns gut – nach oben hin ausgerichtet in einer guten Spannung, sodass unser Atem und unser Energiefluss nicht behindert sind. Wenn wir uns des Atmens bewusst werden, bringt uns dies sofort in den momentanen Augenblick. Das Einatmen badet den Körper im Leben, das Ausatmen überlässt dieses Leben wieder seiner Quelle. Mit jedem Atemzug lassen wir Gedanken und Bilder los und werden leer, um die Gegenwart Gottes zu erfahren.

Seit jeher haben die Alten dem Atem eine heilende und verwandelnde Kraft zugetraut. Alle Wandlung geht über den Atem. Das Einatmen und Ausatmen ist die Ausgangsbasis für heilende Wandlung, für Ganzwerdung, Verspannung wird zur Entspannung, Enge zu Weite und Freiheit. Angst wandelt sich in strömende Lebensenergie, in befreiende Liebe. Das Gleichgewicht zwischen Aus- und Einatmen spiegelt unsere Harmonie zwischen Innen- und Außenwelt, zwischen Nehmen und Geben. Atem ist, religiös gesprochen, ein Bild für das göttliche Wirken, das Wirken des Heiligen Geistes.[10]

Kontemplation ist also eine Übung, in der Leib, Seele und Geist angesprochen und einbezogen sind. Sie ist Gebet, ohne Worte und Bilder, wie es Karl Rahner so wunderbar beschreibt: »Ich glaube, dass du mir zu beten aufgetragen hast und dass ich es mit deiner Gnade auch vermag. Dann aber kann das Beten, das du von mir forderst, im letzten Grunde nur sein: das Warten auf dich, das schweigende Bereitstehen, bis du, der du schon immer in der innersten Mitte meines Wesens bist, mir von innen das Tor aufschließest, damit auch ich in mich selbst eintrete, hinein in das verborgene Heiligtum meines Lebens, um dort vor dir einmal wenigstens die Schale meines Herzblutes auszugießen. Das wird dann die Stunde *meiner* Liebe sein.«[11]

5. *Via integralis* – eine Frucht des interreligiösen Dialogs

Via integralis ist sowohl eine Frucht des interreligiösen Dialogs als auch eine Verkörperung des Erfahrungsdialogs zwischen Zen-Buddhismus und christlicher Mystik. Pia Gyger und Niklaus Brantschen engagierten sich jahrzehntelang im interreligiösen Dialog. Geprägt von der Weite und Offenheit ihres gemeinsamen Lehrers Yamada Roshi, der die Überzeugung vertrat, dass sich Zen in den Dienst aller Religionen stellen lasse, machten sie immer wieder deutlich, dass durch den Zen-Weg ihre Liebe zur eigenen Tradition und ihre tiefe Verwurzelung darin wuchsen und sie gleichzeitig für die Weisheit anderer Religionen öffneten. So schreibt Brantschen in *Auf dem Weg des Zen – Als Christ Buddhist:*

»Ich bin Christ und möchte es immer mehr werden, indem ich mich mehr und mehr von Jesus Christus ergreifen lasse. Zugleich ist mir in den vielen Jahren intensiver Zenpraxis … eine Erfahrung und Sicht der Welt geschenkt worden, die jener des Buddha zwar nicht an Tiefe, wohl aber dem Charakter nach gleich ist. So gesehen bin ich … Buddhist.«[1]

Und Robert Aitken Roshi bestätigte Pia Gyger 1996 als Zen-Lehrerin mit den Worten: »Gefestigt in ihrer eigenen Tradition, öffnete sie sich dem Licht, das über Koanstudium und Erleuchtung der alten buddhistischen Lehrer überliefert wurde, ein Licht, das ihrem christlichen Verstehen und Lehren Tiefe … gibt, indem es das Mysterium offenbart, das allen Religionen zugrunde liegt.«[2]

Für beide war es ein Weg, der »im Spannungsfeld zwischen Ost und West, zwischen authentischer Zen-Erfahrung und Christusnachfolge entsteht«.[3] Am Anfang stand also eine persönliche Berufung in der Begegnung mit zwei alten religiösen Traditionen.

Diese Berufung teilten sie mit Hugo M. Enomiya-Lassalle (1898–1990), dem beide freundschaftlich verbunden waren und der als Brückenbauer zwischen Zen-Buddhismus und christlicher Mystik in die Geschichte eingegangen ist. Er wurde zum Wegbereiter für eine große Gruppe vor allem von Ordensleuten, die heute in seiner Nachfolge in vielen Bildungshäusern Westeuropas die Übung des Zen und der Kontemplation vermitteln. Unvergleichlich, wie er selbst gelebt hat, was er einmal sagte: »Dialog besteht darin, dass man das Wagnis auf sich nimmt, sich gewissermaßen in die andere Religion hineinzubegeben, um ihr auch auf dem Weg der Erfahrung begegnen zu können.«[4] Es war uns ein Anliegen, Lassalle zu würdigen in seinem bedeutsamen Engagement für den interreligiösen Dialog. Lassalles Name vertieft unsere Identität: Lassalle-Kontemplationsschule *via integralis.*

Gyger und Brantschen führten in den 90er-Jahren regelmäßig einmal jährlich ein internationales Symposium durch, an dem viele von uns teilnahmen. Vertreterinnen und Vertreter verschiedener Religionen begegneten sich bei diesen Veranstaltungen, um miteinander über die Gemeinsamkeiten und Unterschiede ihrer spirituellen Traditionen zu forschen. Nie war das eine ausschließliche mentale Auseinandersetzung. Vielmehr kamen Erfahrung und Reflexion in diesen Begegnungen zusammen. Es war ein Erfahrungsdialog, von dem ein römisches Dekret im Jahre 1984 sagt: »Diese Art von Dialog führt zu gegenseitiger Bereicherung und fruchtbarer Zusammenarbeit bei der Förderung und Wahrung der höchsten geistlichen Werte und Identität des Menschen. Der Dialog wird damit Quelle der Hoffnung und Werkzeug der Gemeinschaft in gegenseitiger Umformung.«[5] Ein wegweisendes Wort aus Rom, das vielen von uns, die wir Zen praktizierten, aus dem Herzen gesprochen hat. Es wurde gesprochen in eine Zeit hinein, in der all jenen, die interreligiös neue Wege gingen, von so manchen traditionellen Strömungen in unseren Kirchen ein kalter Wind entgegenkam.

Das Leben, so der Paläontologe und Mystiker Teilhard de Chardin SJ[6], trägt in sich eine Sehnsucht, sich immer neu zu übersteigen. Es ist der göttliche Geist selbst, der alle Materie beseelt, der zum Wachsen lockt, der in einem evolutiven Prozess der Vereinigung und Differenzierung ein immer umfassenderes Bewusstsein und höher organisierte Zustände hervorbringt. Wir alle, die an diesen Symposien teilgenommen haben, haben von diesem Geschehen etwas gespürt. Manche von uns erinnern sich noch an die Aussage in der katholischen Kirche: »Außerhalb der Kirche kein Heil«[7]. Es ist meine Überzeugung, dass es das Wirken des Geistes Gottes selbst ist, dass wir dieses Paradigma überwunden haben.

Der brasilianische Theologe Faustino Teixeira sagt dazu: »Die Pluralität der Religionen ist ein unbestreitbares Phänomen des 21. Jahrhunderts und stellt eine der grundsätzlichen Herausforderungen für die christliche Theologie dar … Je mehr die Kenntnis der Lehren und Praktiken der anderen religiösen Traditionen zunimmt, umso mehr wächst das Instrumentarium zur Entfaltung einer ›schöpferischen Neuinterpretation‹ der Wahrheiten, die das wesentlich Christliche ausmachen. Wir können diesen Pluralismus der Religionen als ›neues theologisches Paradigma‹ in dem Maße betrachten, in dem es eine tiefe Verwandlung der Konzepte und Werte bewirkt.«[8] Verwandlung vielleicht nicht nur der Konzepte, sondern auch der menschlichen Identität. So schreibt Sebastian Painadath, ein indischer Jesuit, der sehr engagiert ist im interreligiösen Dialog: »Der religiöse Mensch der Zukunft wird ein interreligiöser Mensch sein: Nicht indem er gleichzeitig auf zwei Stühlen sitzt, sondern indem er in den eigenen Glaubenserfahrungen tiefe Wurzeln schlägt, aber zu den anderen die Zweige ausstreckt, um davon bereichert und belebt zu werden. So wird er vom Geist Gottes befähigt, über die herkömmlichen religiösen und konfessionellen Grenzen hinweg zu schauen, zu denken, zu lieben und so zu leben.«[9]

6. Die letzte Wirklichkeit in der buddhistischen und christlichen Tradition

Ein Thema, das im interreligiösen Dialog herausfordert, ist die Erfahrung der letzten Wirklichkeit. Dazu schreibt Karl-Josef Kuschel: »Es entspricht dem religiösen Bewusstsein, dass die Wirklichkeit Gottes je größer ist, als ein Mensch begreifen oder aussagen kann. Letztlich ist das Göttliche ein unerreichbares Geheimnis. Das bedeutet, dass keine Religion und Offenbarung das einzige, letzte, exklusive oder inklusive Wort Gottes sein kann.«[1] Jene, die sich auf den interreligiösen Dialog eingelassen haben, wurden oft gewarnt vor der Gefahr des Synkretismus. Deshalb ist es mir wichtig, uns bewusst zu sein, dass die letzte Wirklichkeit aller Religionen eins ist und nur eins sein kann. Dass wir aber da, wo wir im Dialog über unsere Gottesvorstellungen sind, unterschiedlich deuten, immer im Wissen, dass das göttliche Geheimnis größer ist, als Worte es je wiedergeben können.

Ein Blick auf die buddhistische Sichtweise

Der Buddhismus geht auf Shakyamuni Buddha (563–483 v. Chr.) zurück. Buddha bedeutet »der Erwachte«, ein Begriff, der sich nicht auf den historischen Buddha beschränkt.[2] Ich werde hier das Augenmerk auf den Mahayana-Buddhismus[3] konzentrieren, in dessen Rahmen sich der Zen-Buddhismus entwickelt hat.

Alle Religionen sprechen von etwas, das wir nicht fassen können, weil es größer und anders ist als wir und die sichtbare Welt. Auch Buddha tat dies und nannte das nicht Gott, sondern Nirvana, was Erlöschen bedeutet, nämlich das Verlöschen von Gier, Hass und Verblendung. Nirvana ist ein Zustand der absoluten Ruhe, ein Ort des Friedens und der Freiheit jenseits des Geschehens von Werden und Vergehen.

Im Mahayana-Buddhismus wird Nirvana auch Wesensnatur genannt. Alles, was existiert, hat seine Wesensnatur, jede Person, jedes Ding, das ganze Universum. Auf der Ebene der Wesensnatur gibt es keine dualistischen Gegensätze. Sie hat weder Form noch Farbe noch Gewicht noch Größe, keine Konzepte, keine Fehler, die ihr anhängen. Sie ist vollkommen rein. Sie kann nicht zerstört werden, denn sie ist leer. Sie hat keine Substanz.

Leerheit ist der zeitlose, unveränderliche, nicht manifestierte Grund des Seins, und sie drückt die Einheit des Lebens aus. Alle sichtbaren Phänomene, alle Formen sind Manifestationen dieser Leere. Diese stehen für die Vielfalt der Formen, und sie unterstehen dem Gesetz von Ursache und Wirkung, d.h., alles ist voneinander abhängig. Deshalb kann nichts selbstständig existieren. »Für den Buddhismus ist das Wesen des Seienden das Nichts, das nicht die einfache Verneinung der Selbstständigkeit der Gegenstände bezeichnet, sondern über dieses Nichts als Existenzbegriff hinaus weder Sein noch Nicht-Sein ist. Das natürliche Bewusstsein glaubt aber fest und einseitig an die Existenz der Dinge und fixiert sich daran. Darin sieht der Buddhismus gerade die Ursache der Leiden der Menschen.«[4]

Erlösung im buddhistischen Sinne meint Befreiung vom Leiden und Auslöschen der Begierden, die die Ursache der Leiden sind, bzw. Befreiung aus dem Kreislauf vom Werden und Vergehen, Geboren-Werden und Sterben und damit aus der Kette der Wiedergeburten. Erst wenn der Mensch dieses Gesetz der Kausalität überwindet, ist er für immer von allen Leiden befreit. Für die vollkommene Erlösung, das vollkommene Nirvana ist allerdings das Erlöschen des

Körpers und der Individualität notwendig, so wie das Verschwinden aller Wellen die Vorbedingung für vollkommene Stille des Wassers ist. Die wahre Erleuchtung ruft den Menschen in ein Engagement des Mitleidens und der Barmherzigkeit. Im Mahayana sind das die Bodhisattvas, die realisieren, dass die persönliche Erleuchtung erst der erste Schritt ist und der Beginn der Praxis. Bodhisattvas geloben, so lange nicht im Zustand der Einheit zu verweilen, bis jedes Wesen gleichermaßen erlöst ist. Sie sind besonders gesegnet mit Prajna-Weisheit, was das Wirken der Leerheit meint bzw. das Wirken der Dinge, so wie sie sind.

Was Leere bedeutet, ist für uns im Westen nicht gerade leicht zu verstehen und zu beschreiben. Glassman Roshi versucht es anschaulich zu machen, indem er sagt: »Im Zen interessieren uns drei Dinge: die Welt der Verschiedenartigkeit, die Welt der Leerheit (Einheit) und die Beziehung zwischen beiden (ihre Harmonie).« Er beginnt mit dem Blick auf die Leerheit und fragt: »Was ist ein Stock, wenn ich alle Vorstellungen darüber loslasse?« Vielleicht die Verlängerung meines Armes, ich sehe den Baum, aus dem er gewonnen wurde, die Sonne, die den Baum genährt hat, den Vogel, der in dem Baum gewohnt hat … In diesem Teil der Auseinandersetzung sehen wir, dass alle Dinge leer sind, bzw. wir sehen den einen Körper, in dem alles miteinander in Beziehung steht. Im zweiten Teil erkennen wir die Verschiedenheit und: Das Einzelne ist alles – Alles ist das Einzelne. Im dritten Teil erkennen wir die Beziehung, die zwischen Form und Leerheit besteht, beide sind ein und dasselbe, identisch eben und gleichzeitig weder Sein noch Nicht-Sein.[5]

Ähnlich können wir auch die buddhistische Lehre vom Nicht-Ich sehen. Der Buddhist sagt im klassischen Sinne: Es gibt im Menschen kein wirkliches Ich, welches das Werden überdauert, weder im Ablauf der Zeit noch im Ereignis des Todes. Die menschliche Person, das Individuum gilt dem Buddhismus als ein Nicht-Selbst. Was wir als Ich erfahren, ist eine Illusion, das Ich wird nur als eine Zusammenballung von Daseinsfaktoren angesehen. Es scheint nur so, als wären wir ein Ich. Was wir als Ich erleben, ist lediglich die Identifikation mit den fünf Skandas (Elementen): Körper, Empfindung, Wahrnehmung und Vorstellungen, Triebkräfte, Bewusstsein.[6] Mit ihnen ist die menschliche Persönlichkeit erschöpfend zum Ausdruck gebracht. Es gibt keine substanzhafte Person. Und das ist ein großer Unterschied zur christlichen Tradition.

Die letzte Wirklichkeit im Christentum

Das Christentum bezeugt die letzte Wirklichkeit, den gestalt- und formlosen Urgrund aller Wirklichkeit, als einen Gott in drei Personen: *Vater, Sohn und Heilige Geistkraft*, ein Miteinander von Beziehungen, das sich als Liebe ereignet. Diese Wirklichkeit umfasst sowohl die Unveränderlichkeit Gottes als auch seine grenzenlose Dynamik. Raimon Panikkar sieht die *Trinität* als eine der tiefsten und universellsten Visionen, die der Mensch von sich selbst, von Gott und von der Schöpfung haben kann.[7]

Nun geht es hier nicht darum zu entscheiden, welche Erfahrung die tiefere oder »bessere« ist. Vielmehr bin ich zutiefst überzeugt, dass wir uns in der Verschiedenheit ergänzen. Und es geht darum, zu klären, worauf wir uns in der christlichen Tradition einlassen.

Diese hat die letzte Wirklichkeit immer als »personal« gedeutet, hat sie mit »Du« angesprochen. Durch die reiche Bilderwelt unterstützt, lag die Gefährdung nahe, sich Gott als anthropomorph vorzustellen und zu vereinnahmen. Nun wissen wir heute, dass »personal« und »anthropomorph« gut unterschieden werden wollen.[8] Die Begegnung mit der Zen-Praxis hat Christen und Christinnen die göttliche Dimension ohne Gestalt und Form wieder tiefer bewusst gemacht. Viele, die den Zen-Weg gehen, berichten davon, wie befruchtend diese Ergänzung für das eigene Gottesbild ist.[9] Indem wir uns auf biblische Schlüsselworte einlassen, gehen wir vor allem mit einem personalen Gottesbild um. So ging ich der Frage nach:

Was bedeutet *personal*? Es gibt so viele Autorinnen und Autoren in unserer Zeit, die dem Begriff der Person ausschließlich kritisch gegenüberstehen. Für mich persönlich hat Teilhard de Chardin den Begriff der *Person* und *Personalität* unvergleichlich tief erschlossen, sodass er auch für die heutige Zeit Sinn ergibt. Er spricht von der »Personalisation des Universums«[10]. Bede Griffiths interpretiert ihn sinngemäß:

»Die menschliche Person ist ein Bewusstseinszentrum, das sich unendlich erweitern kann und mit seinem Wachsen immer mehr in den ganzen Komplex von Personen integriert wird, der die Menschheit ausmacht. Wir hören dabei nicht auf, Personen zu sein, sondern wachsen zum vollen persönlichen Sein heran, das immer eine Form von Beziehung ist. Die höchste Realität ist die Fülle interpersonalen Seins, die auch als interpersonales Bewusstsein bezeichnet wird.«[11] Damit sagt er nichts anderes aus, als dass wir fähig sind, zu einem »Wir« zusammenzuwachsen, das die ganze Menschheit, ja die ganze Schöpfung umfasst.

Und Griffiths fährt fort: »Der ganze Evolutionsprozess, wie Teilhard ihn sah, ist ein Prozess der Personalisierung. Das letzte Ziel der Menschheit ist eine Gemeinschaft von Personen in Liebe. Das offenbarte sich auch im Johannesevangelium, als Jesus für seine Jünger betete, auf dass sie alle eins seien, gleich wie du, Vater, in mir, und ich in dir, dass auch sie in uns eins seien (Joh 17,21 f.). Dies ist die Bedeutung der christlichen Trinitätslehre, dass die höchste Realität, die Gottheit, eine Kommunion der Liebe ist.«[12]

Teilhard de Chardin differenziert zwischen »individuell« und »personal«: Was ein »individuelles« Zentrum ausmacht, ist, dass es von den anderen, es umgebenden Zentren unterschieden, abgegrenzt ist. Was das »personale« ausmacht, ist:

1. im Tiefsten es selbst zu sein (selbstbewusst),
2. in Beziehung zu sein,
3. eins zu sein.

Und das gleichzeitig. Die Individualität nimmt mit der Zentrogenese[13] ab, und sie wird in Omega, das heißt am Ende der Zeiten, zu null, wenn die Personalität ihr Maximum erreicht.[14]

Personalität im Sinne Teilhards meint also selbst-bewusst zu sein, gleichzeitig eins und in Beziehung zu sein. *Einheit, Verschiedenheit und Einzigartigkeit* wurde mir auf diese Weise eine zeitgemäße Interpretation des dreifaltigen Gottesbildes. Diese trinitarische Struktur kommt mir in allem entgegen, wenn ich die Welt anschaue. Alles ist eins, alles, was existiert, unterscheidet sich – ist einzigartig und ist gleichzeitig miteinander in Beziehung, alles! So können wir sagen: Die ganze Schöpfung bildet den dreifaltigen Gott ab.

Für Teilhard muss die *Personalität* Gottes mit dem tiefsten Anliegen einer in Entwicklung begriffenen Welt verbunden werden. Im Ansehen der Evolution erkennt er, dass sie ein immer konzentrierteres Bewusstsein hervorgebracht hat. Gott erscheint ihm als ein Brennpunkt der *Personalisation*, nämlich als die Kraft, die sammelt und nicht auflöst. *Person* ist so gesehen die geeinte Frucht einer unermesslichen Mühe von Konzentration.[15] Das letzte Ziel der Evolution ist eine Gemeinschaft von Personen in Liebe, in der jede Person ein Maximum der Fähigkeit besitzt, sie selbst zu sein und gleichzeitig eins mit allem und in Beziehung zu sein.[16] Gleichzeitig! Gott nur als unpersönliche Kraft zu sehen, wäre für Teilhard ein Rückschritt in der Evolution. Personalität und Universalität sind keine Gegensätze: »Der Ozean, in den alle geistigen Ströme des Universums strömen, ist nicht Etwas, sondern Jemand. Er besitzt ein Antlitz und ein Herz.«[17] So gesehen vermittelt Teilhard mit *Personalität* eine Vision, die für das Zusammenwachsen der Menschheit, wie es im Moment geschieht, eine Ausrichtung und Basis sein könnte.

Gott ist Liebe: Johannes Kopp (1927–2016), ebenfalls ein Schüler Yamada Roshis, spricht in seiner Erfahrung von der Liebe, die Gott ist, und wie wir als Menschen Teil der Kommunion der Liebe sein können: »Die Dualität des ›Schon und noch nicht‹ ist wesensgemäß die Liebe … So drücke ich die Beziehung zu meinem Innigsten, zu Gott in mir aus im Du. Und das Du schwindet nie, weil ich immer auf dem Wege bleibe zu mir selbst. Mein Innigstes ist eins mit Gott. Aber dieses Eins-Sein ist und bleibt immer ein Eins-Werden. So bin ich in dem Maße bei mir selbst, wie ich bei Gott bin, und ich bin in dem Maße bei Gott, wie ich bei mir bin. Bei mir sein, bei Gott sein ist nie ein statischer, sondern immer ein lebendiger verlebendigender, dynamischer Zustand.«[18]

Sein und Werden sind christlich gesehen die zwei Seiten der Existenz Gottes und unserer eigenen Existenz.

Begegnung zwischen Ost und West

Im Buddhismus, so habe ich vorgängig ausgeführt, wird die letzte Wirklichkeit Leere genannt, während die christliche Tradition diese als dreifaltig definiert. In beiden Traditionen gehen wir von einer absoluten und von einer relativen Wirklichkeit aus. Einer, der die Erfahrung beider Dimensionen bereits im 14. Jahrhundert formuliert hat, ist Meister Eckehart.

Im Dialog zwischen Christen und Buddhisten ist Meister Eckehart eine sehr geschätzte Persönlichkeit. Ich persönlich habe bereits einige Jahre Zen-Meditation praktiziert, bevor ich mich mit Meister Eckehart beschäftigt habe. Es hat mich nicht wenig überrascht, dass Eckehart zwischen Gottheit und Gott differenziert. Damit findet er Worte für die unbewegte Dimension in Gott als dem Grund allen Seins und jene Dimension, die in den Gesichtern von Vater, Sohn und Geist wirksam ist. Meines Erachtens kommt Eckehart hier dem Verständnis der buddhistischen Leere so nah wie kaum sonst ein Vertreter der christlichen Mystik: »Alles das, was in der Gottheit ist, das ist Eins, und *davon kann* man nicht reden. Gott wirkt, die Gottheit wirkt nicht, sie hat auch nichts zu wirken, in ihr ist kein Werk; sie hat niemals nach einem Werke ausgelugt. Gott und Gottheit sind unterschieden durch Wirken und Nichtwirken … Wenn ich in den

Grund, in den Boden, in den Strom und in die Quelle der Gottheit komme, so fragt mich niemand, woher ich komme oder wo ich gewesen sei. Dort hat mich niemand vermisst, dort entwird Gott.«[19]

Der einfältige unbewegte Grund, der völlig ununterschieden ist, raum- und zeitlos, ist das verborgene Dunkel, unerkannt und nicht aussagbar. Aber es ist die Quelle allen Seins. »Dieses alles Sein tragende und umfassende Erkennen ist die absolute Eins, ›die stille Wüste‹ der Gottheit, aus der der trinitarische Gott bereits Ausfluss ist.«[20]

Auf dem Weg der Kontemplation können wir beide Ebenen erfahren: die Leere mit der absoluten Stille und die wirkende Dimension Gottes, die unendlich schöpferisch und wirkend ist.

Ken Wilber, ein amerikanischer Bewusstseinsforscher und bekennender Buddhist, hat für mich in diesem Zusammenhang einen unübertrefflichen Beitrag geleistet. Er hat das Thema der Begegnung zwischen Ost und West in seiner Bedeutung für die Entwicklung unseres Bewusstseins genauer untersucht.[21] Zunächst stellt er fest, dass viele Menschen aus dem Westen, die im Osten einen spirituellen Weg gehen, ihre bewusstseinserweiternden Erfahrungen nur entsprechend dem östlich zyklischen Weltbild, also als Leere, deuten. Obwohl ersehnt, findet gerade damit keine Integration zwischen Ost und West statt, sondern erneut eine Abspaltung. Für Wilber sollten in der Durchbruchserfahrung eines Menschen unseres Kulturkreises drei Aspekte aufleuchten:

1. Die Erfahrung des Seinsgrundes als absolutes Bewusstsein, leerer unbewegter Grund, die uns in ein Verständnis von radikaler Freiheit, Weite, Zeitlosigkeit, Ewigkeit und absoluter Wirklichkeit führt.
2. Der kreative Impuls, sich zu entwickeln als relatives Bewusstsein; ein spontaner, geheimnisvoller Drang zu ständiger Entwicklung. Es ist derselbe Impuls, der den Urknall ausgelöst hat.

3. Ein Überbewusstsein, das uns zu neuer Erkenntnis befähigt im Kontext dessen, dass ich mich und mit mir das ganze Universum sich in ständiger Entwicklung befindet.

Wilber spricht beim Zusammenkommen dieser drei Aspekte von »Evolutionärer Erleuchtung« und versteht damit den Geist in Aktion bzw. den Geist, der sich im Raum und in der Zeit entfaltet und manifestiert. Die Grundidee ist, dass die evolutionäre Welt und die Welt der Leere Hand in Hand gehen müssen, oder anders ausgedrückt, dass da eine sich gegenseitig befruchtende Kommunikation stattfindet. Indem ich auf dem spirituellen Weg bin, werde ich immer wieder die Erfahrung machen, dass ich von innen her inspiriert, verlockt bin, mich meinem innersten Wesen zu nähern. Das meint Geist in Aktion.

»Und meiner Meinung nach liegt der Schlüssel zur Lösung dieser Frage darin, zu begreifen, dass man sich, um die Leere vollkommen und dauerhaft verwirklichen zu können, in der Welt der Formen entfalten, transformieren und sein Medium weiterentwickeln muss. Wenn ein Medium die Leere erkennen will, muss es dieser Aufgabe erst einmal gewachsen sein. D.h., es muss sich entfaltet haben, muss verwandelt und an der spirituellen Erkenntnis ausgerichtet sein. Das Transzendente und das Immanente müssen sich sozusagen gegenseitig Geschmack geben … Es ist uns an einer Erkenntnis gelegen, die sowohl Leere als auch Form umfasst, denn die Evolution findet in der Welt der Form statt, nicht in der Welt der Leere.«[22]

Andrew Cohen, ein spiritueller Lehrer, der immer wieder den Dialog mit Ken Wilber sucht, ergänzt dazu: »Letztendlich sollte es ein einziges nonduales Ereignis werden, bei dem die drei unterschiedlichen Aspekte unserer Erfahrung – der des Seinsgrundes, des kreativen Impulses, sich zu entwickeln, und unsere hoch entwickelte Kapazität für Erkenntnis – alle Teil einer Matrix werden, einer einzigen sich entfaltenden Erfahrung … Als der GEIST den Sprung aus der Formlosigkeit in die Form, vom Nichts zum Etwas, aus dem

Sein zum Werden tat, manifestierte er sich aus der Leere als *kreativer Impuls* – als Drang zu werden, als Sehnsucht zu existieren … Und dieser Impuls besteht aus zwei Dingen: Es ist das Verlangen, unseren eigenen Grund zu entdecken – die Quelle unserer Geburt und die Heimat, aus der wir alle ursprünglich kommen. Zugleich ist es der ursprünglichste kreative Impuls *selbst*. Oder, um es theologisch auszudrücken, es ist der Gottes-Impuls. Es ist der Wille zur Schöpfung und zur Evolution.«[23]

Dieses dynamische und evolutionäre Verständnis von Erleuchtung entspricht unserem christlichen Gottes- und Weltverständnis. Teilhard de Chardin hat bereits 1916 Worte für die Dimension des göttlichen Werdens gefunden, indem er schreibt: »Dein Leib, Jesus, ist nicht nur das Zentrum aller Ruhe am Ziel, er ist auch das Band aller nützlichen Anstrengungen. In dir, an der Seite dessen, der ist, kann ich leidenschaftlich den lieben, der wird.«[24]

Das ist ein neues Gottesbild – der werdende Gott. Ist doch die Unveränderlichkeit Gottes in der christlichen Theologie eine zentrale Eigenschaft. Aber indem wir sagen, dass Gott nicht nur transzendent, sondern auch immanent ist, dürfen wir es wagen, davon zu sprechen, dass Gott sich in der Begegnung mit uns verändert. Gegen Ende seines Lebens reflektiert Teilhard noch einmal sein Welt- und Gottesbild und stellt fest, dass durch das vereinigende Schaffen von Geist und Materie in der Evolution nicht nur die Welt transformiert wird, sondern Gott »verwandelt sich«, indem er uns sich einverleibt.[25]

7. Die Bibel als Wort Gottes

Von Regula Tanner

Einleitung

»Die Bibel ist ein Fenster in dieser engen Welt, durch das wir in die Ewigkeit zu schauen vermögen.«[1] – Mit »Fenster« ist die Erfahrung gemeint, dass sich der Blick weitet, dass die göttliche Welt in unserer Welt sichtbar wird. Das »Fenster« ist immer und überall erfahrbar, und letztlich könnten wir ihm dann auch noch tausend andere Namen geben, wenn wir es erfahren haben. Im Zen würde man »fensterloses Fenster« sagen. Die Bibel, so Timothy Dwight, kann zu diesem Fenster werden, durch welches wir »Gott schauen«. Ebenso sind »enge Welt« und »Ewigkeit« Metaphern. Vor und hinter dem Fenster sind zwei grundverschiedene Erfahrungen, über die man mit unserer Sprache letztlich nie genügend reden kann.

Metaphorische Sprache oder dichterische Sprache ist deshalb die Sprachform, die am meisten gebraucht wird, um religiöse Erfahrung in Worte zu fassen, gerade weil sie in ihrer Ungenauigkeit und oft paradoxen Struktur mehr öffnet als erklärt. »Wort Gottes« gehört ebenfalls in diese Kategorie. Es ist damit immer mehr gemeint, als wir aussagen können. Wenn ich also trotzdem versuche, ein paar Aspekte aufzuzeigen, dann geschieht es im Bewusstsein, dass ich nie alles sagen kann, was gemeint sein könnte.

Was meint »Wort Gottes«?

Der Begriff »Wort Gottes« wird in verschiedenen Bedeutungsnuancen gebraucht. Ich möchte vier hier kurz skizzieren:

1. Ursprung im Unvordenklichen

»Im Anfang war das Wort, der Logos,
und der Logos war bei Gott,
und von Gottes Wesen war der Logos.
Dieser war im Anfang bei Gott.
Alles ist durch ihn geworden,
und ohne ihn ist auch nicht eines geworden,
das geworden ist.
In ihm war Leben,
und das Leben war das Licht der Menschen.
Und das Licht scheint in der Finsternis,
und die Finsternis hat es nicht erfasst.
Es trat ein Mensch auf, von Gott gesandt, sein Name war Johannes.
Dieser kam zum Zeugnis, um Zeugnis abzulegen von dem Licht, damit alle durch ihn zum Glauben kämen.
Nicht er war das Licht, sondern Zeugnis sollte er ablegen von dem Licht.
Er war das wahre Licht,
das jeden Menschen erleuchtet, der zur Welt kommt.
Er war in der Welt,
und die Welt ist durch ihn geworden,
und die Welt hat ihn nicht erkannt.«
(Joh 1,1–10 nach der Neuen Zürcher Bibel)[2]

Die meisten Bibelübersetzungen übersetzen das griechische Wort *lógos* mit »Wort«, aber das deckt nur den kleinsten Teil des Wortfeldes ab.

Logos bezeichnet u.a. auch, *Rede, Beweis, Lehrsatz, Lehre, Sinn* und *Vernunft, Plan, Absicht.*[3] Die Fülle der Übersetzungsmöglichkeiten bedeutet, dass es um etwas geht, das sich letztlich unseren Sprachmöglichkeiten entzieht: Dieser Logos ist von Gottes Wesen. Durch ihn ist alles geworden. Er ist Lebendigkeit, das wahre Licht, das jeden erleuchtet, der zur Welt kommt. Er ist vor aller Zeit in Gott und bei Gott – er ist Gott. »Ursprung im Unvordenklichen«[4] (Hans Weder) und damit auch im »Unvorsprachlichen«. Das heißt, auch wenn von »Wort« die Rede ist, ist noch nicht zwingend ein Wortgeschehen mit einem Gegenüber gemeint. Es ist das Wort, der Logos, der das Gegenüber erst schafft. Dies ist eine große Linie, die das Neue Testament zeichnet, wenn es von »Gottes Wort« spricht. Der Einfachheit halber werde ich den Begriff »Wort Gottes« beibehalten, meine damit aber die ganz weite Bedeutung, die der Logos hat.

Der Bibeltext fährt fort: »Aber die Welt hat ihn nicht erkannt« – das heißt, wir sind uns nicht bewusst, dass wir bereits als »Erleuchtete« zur Welt gekommen sind. Wir begegnen diesem »Wort Gottes in unserer dualistischen Welt«. Das heißt, zwischen uns und dem »Wort Gottes« steht unsere Eingeschränktheit, dies alles zu erfassen. Das führt dazu, dass das »Wort« uns auch immer ein Gegenüber ist. Dieses Gegenüber spricht uns an, wirkt mit seinem »Wort« auf uns ein und verändert uns.

Das »Wort Gottes« steht für mich am Übergang zwischen Leere und Form, um zwei buddhistische Begriffe zu brauchen. Im Moment kann ich es weder dem einen noch dem andern klar zuordnen. Es ist das Wort, mit dem Gott im Schöpfungsbericht die gute und geordnete Welt ins Dasein spricht. Es steht am Übergang zwischen dem gestaltlosen Urgrund und dem gestalteten Kosmos – zwischen »Null« und »Viel« (Schöpfung aus dem Nichts). Das Wort bringt Unvorhergesehenes hervor – nichts ist in der Schöpfung vom Vorhergehenden ableitbar. Der Logos ist im tiefsten Sinn »kreativ«. Und vielleicht ist es gerade diese Unmöglichkeit, »Wort Gottes« genau zuordnen zu können, welche die trinitarische Struktur vieler Schlüsselsätze ausmacht.

2. Gottesrede in der Bibel

Die zweite Linie ist diejenige, wo in der Bibel Gott selbst spricht. Zum Beispiel in der prophetischen Rede, wo mit einer Einleitungsformel die Worte als direkte Rede Gottes angekündigt werden. Es ist dieselbe Neues schaffende Kreativität Gottes, die in der Geschichte und in der Welt weiterwirkt.

Gottesrede eröffnet Zukunft. Zum Beispiel eröffnet Gott dem Mose am Dornbusch eine völlig neue Möglichkeit, mit dem Leiden seines Volkes in Ägypten umzugehen. Mose sitzt zu diesem Zeitpunkt in der Wüste, weil er einen Ägypter umbrachte, der einen Israeliten plagte. Die Perspektive, die Gott auftut, ist nicht Auflehnung, sondern Befreiung. Und der Prozess, in dem Mose dieses Aufleuchten der Zukunft in seine momentane Verfassung integriert, ist in der Bibel eindrücklich beschrieben.

Dieses Wort Gottes ist also in unserer Welt hörbar und erfahrbar, und es wirkt verändernd. Die Bibel zeugt davon und geht davon aus, dass durch das Zeugnis Menschen, die nicht dabei waren, diese Erfahrung ebenfalls machen können. Dieses »Wort Gottes« kommt von außen auf uns zu, spricht sich in uns aus und begeistert uns, vorwärtszugehen.

Heute spricht man eher von visionärer Sprache, die nicht als Gottesrede gekennzeichnet ist, aber von der Wirkung her vergleichbar ist: Die Gegenwart wird überstiegen, indem die Zukunft jetzt ausgesprochen wird. Das heißt, der Logos, der Ursprung im Unvordenklichen, ist gleichzeitig Zukunft, weil es letztlich die Dimension ist, die Zeit und Raum übersteigt, die in unsere Dreidimensionalität »hineinspricht«.

3. Jesus Christus – inkarniertes »Wort Gottes«

Die dritte Linie ist Jesus von Nazareth, der in der christlichen Theologie als das lebendige Wort Gottes verstanden wird. Die leibliche

Inkarnation Gottes, der Mensch, in dem Gott und Mensch eins werden. Oder, um es mit Johannes zu sagen, der vom Logos vollkommen erleuchtete Mensch, der von sich sagt: »Ich bin das Licht der Welt.«

Das Neue Testament geht davon aus, dass Jesus Christus, so wie er auf dieser Erde gelebt hat, das lebendige Wort Gottes ist, das zu uns spricht. In ihm sind Gott und Mensch eins, durch ihn spricht Gott zu uns. Die Begegnung mit ihm geschieht durch die Bibel, die von ihm in den Evangelien (und Paulusbriefen) zeugt. Es ist sein Leben, sein Handeln, sein Tun und sein Reden, die »Wort Gottes« sind. Im Neuen Testament werden seine eigenen Worte überliefert, sowie die Erfahrungen, die Menschen mit ihm machten. Das Leben Jesu von Nazareth wurde mit menschlichen Worten und menschlichen Bildern aufgeschrieben. Diese menschlichen Worte sind unsere »Fenster«, unsere Schlüsselworte, und nehmen uns hinein in die Gotteserfahrung.

Jesus ist ein Beispiel dafür, wie es aussehen könnte, wenn ein Mensch ganz »Wort Gottes« wird, wenn Gott und Mensch eins werden, wenn der Logos unter uns wohnt. Unsere spirituelle Praxis soll sich an seinem Leben orientieren: Wir müssen nicht über das Wasser laufen, aber das Vertrauen in das Unvorhergesehene in der Zukunft, das jetzt schon da ist, das können wir uns sehr wohl erarbeiten.

Ausgangspunkt in der mystischen Theologie ist die sogenannte präsentische Eschatologie, kurz gesagt: »Das Reich Gottes ist mitten unter uns.« Es ist alles schon da, wir müssen nicht bis nach dem Tod warten, bis wir Gottes Fülle erfahren. Was es braucht, ist ein Erkenntnisprozess. Heute sprechen wir an diesem Punkt oft von Bewusstseinserweiterung. Vor hundert Jahren hat Rudolf Bultmann, ein liberaler Theologe, in seinem berühmten Aufsatz zur Entmythologisierung des Neuen Testaments den Vorgang folgendermaßen beschrieben:

»Das in Christus sich ereignende Geschehen ist also die Offenbarung der Liebe Gottes, die den Menschen von sich selbst befreit zu sich selbst, indem sie ihn zu einem Leben der Hingabe im Glauben und in der Liebe befreit. Glaube als die Freiheit des Menschen von sich selbst, als die Offenheit für die Zukunft, ist nur möglich als Glaube an die Liebe Gottes.«[5]

Es ist nicht mehr ganz unsere Sprache, aber in der Sache beschreibt er das, was wir bei der Kontemplation anstreben: Die Befreiung von uns selbst zu uns selbst, die gleichzeitig Offenheit für die Zukunft bedeutet. Als evangelischer Theologe betont er, dass es Gottes Wirken ist. Als *via-integralis*-Theologin würde ich sagen, dass unser Bemühen, unsere Absicht und unser entschlossenes Gehen des Weges mit Gottes Wirken zusammenfallen. Ein Mensch, der für die Zukunft, für das Reich Gottes, für die Ewigkeit etc. offen ist, ist (nach Bultmann) ein neues Geschöpf. Das heißt, der eigentliche Paradigmenwechsel findet statt, wenn ich von mir selbst zu mir selbst befreit werde.

Jesus, das inkarnierte »Wort Gottes« ruft uns in seine Nachfolge. Nachfolge bedeutet für mich deshalb, dass wir in die gleiche Gottesnähe wie Jesus gehen, wo wir irgendwann wissen, was mit dem Satz »Ich und der Vater sind eins« gemeint ist.

Es war ein wichtiger Schritt auf meinem eigenen spirituellen Weg, als ich zu begreifen begann, dass ich die Aussagen von Jesus wie »Ich und der Vater sind eins« auf mich beziehen kann: Ich schaue nicht nur von außen auf den Gottmenschen Jesus wie auf ein Objekt, sondern ich bin auch Subjekt dieses Satzes. Ich und der Vater sind eins. Diese Aussage geschieht in mir. Für mich ist dies auch der Anfangspunkt der Personalisation der Erfahrung. Das heißt, Christus wird nicht nur in mir neu geboren, sondern durch mich in dieser Welt. Dieses subjektive Einholen der Aussagen Jesu ist meines Erachtens einer der Punkte, wo wir uns in der *via integralis* und in der mystischen Theologie überhaupt von traditionell kirchlicher Theologie unterscheiden.

4. Bibel als Wort Gottes

Das führt zur vierten Linie, zur Bibel, die auch als Wort Gottes verstanden wird. Die Bibel ist eigentlich eine ganze Bibliothek, die während etwa tausend Jahren entstanden ist. Sie ist das Zeugnis von Menschen, die mit Gott Erfahrungen machten, aber auch politisches Programm von Königen und Priestern, die sich durchsetzten, von Prophetinnen und Propheten, die Kritik übten, und von zeitbedingten moralischen Ansichten. Deshalb gab es eigentlich immer – bewusst und unbewusst – Gewichtungen, Lieblingstexte und solche, die gar nicht rezipiert wurden, weil es immer schwerfiel, alles als »Wort Gottes« zu sehen:

In Bezug auf die Bibel wurde in den letzten zwei Jahrhunderten die Frage gestellt, was denn als »Wort Gottes« gelten könne. Punkte, die diskutiert wurden, waren:

- Widersprüche in den Aussagen.
- Naturwissenschaftliches Weltbild: Die Naturwissenschaften erklärten uns die Welt – wir brauchen den Mythos nicht mehr (Bultmann).
- Dualistisches Weltbild gegen integrales Weltbild.
- Die antijudaistischen Aussagen im Neuen Testament: Jesus war Jude. Abschied von der Annahme, dass das Christentum über dem Judentum (und über anderen Religionen) steht (Theologie nach dem 2. Weltkrieg, v. a. deutschsprachiger Raum und Amerika).
- Patriarchale Aussagen: Der männliche Gott und die davon abgeleitete Überlegenheit des Mannes über die Frau stehen unseren Bemühungen nach Gleichberechtigung entgegen (Europa, Amerika).

Deshalb sagen heute viele Menschen, dass die Bibel Gottes Wort enthält, es aber nicht generell ist. Das heißt aber nicht, dass alles, was wir nicht verstehen oder was uns unbequem ist, gleich abgeschrieben werden kann. Die Bibel enthält vieles, das im 21. Jahrhundert unverständlich ist, aber für die Menschen damals sehr viel Sinn ergab.

»Wer in der Bibel zu lesen beginnt, der stellt die üblichen Fragen, ungeduldige, unverständige, hochmütige Fragen. Alle diese Fragen bleiben ohne Antwort. Wer trotzdem weiterliest, dem beginnt die Bibel ihre Fragen zu stellen. Wer ihnen nicht ausweicht, findet das Tor zum Leben.«[6]

Die Schlüsselworte als »Gottes Wort«

Wie im ersten Teil gesagt, ist »Wort Gottes« ein schöpferischer Akt (vgl. Schöpfung und Johannesprolog). Durch das Wort schafft Gott in dieser Welt Neues. Durch das Wort wird das Reich Gottes in uns offenbart, und wir werden von uns selbst befreit und offen für die Hingabe an die »Zukunft«, an das »Reich Gottes«, an den »gestaltlosen Urgrund«.

Die Schlüsselsätze sind Sprachgeschehen. Wir gehen davon aus, dass durch sie Erkenntnis geschieht. Als evangelische Theologin ist mir wichtig, auch die unverfügbare Seite zu benennen: sola gratia. Gottes Wirken ist letztlich unverfügbar. Gottes Wort kommt von außen an uns heran und ist doch gleichzeitig unser eigenes innerstes Wort.

Innen und außen werden eins. Folgender Text beschreibt für mich, wie die Schlüsselsätze im besten Fall wirken könnten (auch wenn der Autor den Text nicht dafür geschrieben hat):

»Meister Eckart sagt: ›In der Seele ist eine Kraft, die von mir selbst unberührt ist. Sie fließt aus dem Geist Gottes. In dieser Kraft grünt und blüht Gott ganz und gar und ist so herrlich, wie er in sich selbst ist.‹ Und ich möchte hinzufügen: Wenden wir uns unserer Seele zu, dem, was in ihr am tiefsten ist, so begegnen wir in ihr etwas, das größer ist als unsere Seele.

Wenn nun Jesus von diesem Seelengrund in uns spricht, dann sagt er uns ein Erstes: Wenn du auf dem Grund deiner selbst ankommst, dann wirst du bemerken, dass du ein Acker bist. In dich fällt ein Same. Ein Korn. Das soll aufwachsen, grünen und Frucht tragen. Diese Frucht ist das Reich Gottes.

Und er sagt ein Zweites: Das Korn, das in dich hineinfällt, ist ein Wort. Das hörst du von außen kommen wie das Wort irgend sonst eines Menschen. Aber du wirst bemerken, dass es weiter spricht in dir selbst. Du wirst immer deutlicher erkennen, was es dir sagt. Gib ihm, diesem inneren Wort, nun deine Antwort. Lass es weiterreden. Gib ihm Raum in dir. Sieh zu, dass es nicht verstummt. Sieh zu, dass es geschützt wird und gedeihen kann. Aus ihm will in dir etwas vom Reich Gottes aufwachsen.

Jesus sagt ein Drittes: Du wirst bemerken, dass du das Wort, das in dir weiterspricht, nicht dir selbst zusprichst, dass es vielmehr von anderswoher redet. Dass der, der da redet, der ist, den wir Gott nennen. Dass du also ein Wirkraum der Stimme Gottes bist und nicht nur der Raum eines eigenen Willens. Du hörst ein äußeres Wort, das irgendjemand dir zuspricht. Du hörst ein inneres Wort und bemerkst, dass es Gott ist, der es in Wahrheit in dir spricht. Und nun sieh zu, dass dieser grundwichtige Zusammenhang zwischen dem äußeren und dem inneren Wort in dir nicht verloren geht.

Denn innen und außen sind eins. Deine innere Welt hängt aufs dichteste mit deiner äußeren Welt zusammen, und was außen geschieht, das geschieht zugleich in dir selbst. Was aber in dir laut wird, das innere Wort, ist dir zugesprochen, damit du die Welt veränderst. Die treibende Kraft, mit der du nun hinaustrittst in die Welt der Menschen, um ihnen zu sagen, was du gehört hat, das bist du nicht selbst, das ist Gottes Geist.«[7]

8. Schlüsselworte als Einweihungsweg

»Die christliche Kultur hat sich in erschreckendem Ausmaß als hohl erwiesen. Die christliche Erziehung hat zwar das Menschenmögliche geleistet; aber es genügte nicht. Zu wenige haben es erfahren, dass die göttliche Gestalt innerstes Eigentum der eigenen Seele ist.«[1] – So urteilt C. G. Jung in der ersten Hälfte des letzten Jahrhunderts über den Zustand unserer Kirchen. Viele von uns werden ihm auch für heute zustimmen.

Wir leben in einer Zeit, in der selbst in christlichen Ländern nicht mehr selbstverständlich gewusst wird, was z. B. »Inkarnation«, »Erlösung« oder »Auferstehung« bedeutet. Nicht wenige Menschen erleben christliche Normen und Strukturen als brüchig und Rituale als sinnentleert. Nun mag das eine natürliche Begleiterscheinung in Zeiten eines Paradigmenwechsels sein, in dem unsere bisherigen Vorstellungen von Welt, Mensch und Gott nicht mehr tragen. Gleichzeitig fängt an vielen Orten etwas Neues an zu leben, z. B. wäre vor 50 Jahren noch nicht denkbar gewesen, dass in der Schweiz an vielen Orten Frauen katholische Gemeindeleiterinnen sind.[2]

Inspiration durch Zen

Viele Christen, die Zazen üben und den zen-buddhistischen Koan-Weg gegangen sind, bezeugen, dass dieser Übungsweg ihnen die Augen geöffnet hat für die Schätze der eigenen christlichen Tradition. Insbesondere das Verständnis für die Tiefenbedeutung biblischer Texte sei gewachsen.[3]

Der japanische Jesuit J. K. Kadowaki führt aus, dass er durch Zazen den Weg zu einem neuen Umgang mit den biblischen Texten gefunden habe. Christinnen und Christen, die bis jetzt die westliche Methode der Meditation gepflegt haben, könnten durch das Zazen zu einem tieferen Verständnis der Schrift geführt werden. Seine Ausführungen kommen unserem Verständnis im Umgang mit christlichen Schlüsselsätzen sehr nahe, deshalb seien einige seiner Gedanken nachfolgend aufgenommen. Er vertritt die Überzeugung: »Schrift und Koan ähneln einander strukturell auf verschiedene Weise.

- Erstens ist das Neue Testament Botschaft, durch die Christus, der Lehrer, seine Hörer zu Schülern macht, um sie auf dem gleichen Weg zu führen, den er gegangen ist. Diese Tatsache gleicht dem Problem, das der Zen-Meister seinen Schülern im Koan aufgibt.
- Zweitens fordert Christus zu einer existenziellen Umkehr auf mit den Worten: ›Das Reich Gottes ist nahe, kehrt um‹ (Mk 1,15). Das entspricht dem Ziel des Koan, den Menschen aus seinen Illusionen heraus- und zur Erleuchtung hinzuführen.
- Drittens: So wie ein Koan zur Ebene des ›ungedachten Gedankens‹ gehört, so ist auch die Botschaft, die uns die Bibel von Gott bringt, immer nur ein Hinweis auf ein unbegreifbares Mysterium.
- Viertens: Wie die Botschaft der Schrift den Menschen zum rechten Selbstverständnis führen will, so dienen auch die Koan dazu, den Meditierenden zur Schau und Erfahrung seines ursprünglichen Selbst zu bringen.
- Schließlich: ›Von Anfang an hat die Kirche der Weisheit große Bedeutung beigemessen und daran festgehalten, dass Dinge, die Gott und der Botschaft der Schrift zugeordnet sind, nur durch sie verstanden werden können. Es bedarf hier eines höheren Wissens, das dem Menschen von Gott geschenkt wird und die Vernunft übersteigt.‹«[4]

Über Schlüsselsätze können wir ähnlich wie über Koan sitzen und uns die Antwort schenken lassen. Kadowaki beschreibt dieses Geschehen wie folgt: »Da der Effekt eines Sesshins sich bei mir gewöhnlich auch in einem neuen Verständnis der Schrift zeigte, kam mir die Idee, Schriftstellen wie ein Koan zu lesen. Zunächst sitze ich im Zazen in vollkommener Sammlung und Konzentration. Im Zustand des Samadhi[5], wenn das Selbst sich in Kontemplation versenkt hat, springt die Bedeutung einer vorher gelesenen Bibelstelle von selbst hervor. Das ist eine erheiternde Erfahrung und ganz ähnlich dem Erlebnis, das man hat, wenn man plötzlich durch ein Koan hindurchsieht. Zur Lösung eines Koan muss auch zuerst vollständiges Samadhi erreicht werden; denn ist das Bewusstsein nicht gesammelt und geeint, wird alle Mühe umsonst sein. Diskursives Nachdenken über ein Koan wird höchstens das Samadhi stören, und doch ist ein lang anhaltendes Samadhi notwendig, um der Lösung innezuwerden. Aus diesem Grund ist es notwendig, dass man das Koan vor Beginn des Zazen gut studiert hat und sich der wesentlichen Punkte erinnert, wenn das Samadhi beginnt. In gleicher Weise sollte man zuerst sorgfältig eine Bibelstelle lesen, bevor man sie meditiert. Hat man dann mittels Zazen Samadhi erreicht, und ist das Bewusstsein ungestört wie auch die Bibelstelle präsent, dann wird man gleichsam mit der Stelle eins. Seitdem ich die Bibel auf diese Weise lese, hat sie sich mir in zunehmendem Maße erschlossen.«[6]

Mystik und Initiation

Zu allen Zeiten haben mystische Gestalten unsere Kirchen neu belebt. Die postmoderne Zeit ist eine ebenso »gute« Zeit für Gottes Wirken, wie es andere Zeiten auch waren. Mit der Kontemplationsschule *via integralis* stehen wir im Dienst des Anliegens, die Mystik wieder in unsere Kirchen, ja in unser Leben zu integrieren einverständlich den Worten von Jörg Zink: »Wenn die Mystik aus unserem

Leben verschwindet, erleben wir Seelendürre und Geistestrockenheit. Wenn das Christentum seinen mystischen Hintergrund nicht wiederentdeckt, hat es uns nichts mehr zu sagen.«[7]

Was meint Mystik? Etymologisch betrachtet, kommt das Wort Mystik vom griechischen *myein*, was meint: »die Augen schließen«. Mystik bedeutet somit in erster Linie einen seelischen Zustand, in welchem man sich nach innen wendet und die äußeren Sinne schließt. In dieser Umkehr öffnen sich innere Sinne, sodass wir die Tiefendimension unseres und allen Lebens *sehen* können. Mystik ist also ein Gewahr-Werden des Göttlichen in unserem Leben und dem Leben der Welt.

Gut gefällt mir eine Definition von Mariano Delgado: »Mystik ist bewusste und reflektierte Erfahrung der Gegenwart Gottes.«[8] In ihr kommen Erfahrung und Reflexion zusammen. Mystik ist seit jeher eine konfessionsübergreifende Spiritualität, die von den äußerlichen Unterschieden der einzelnen Wege absieht und vor allem Wert auf die eigene authentische Erfahrung legt. Ken Wilber nennt die mystisch Erwachten »die wachsende Spitze des geheimen Impulses der Evolution«[9]. Für ihn sind sie die Speerspitze des Drangs zur Selbsttranszendenz, die immer über dasjenige hinausgeht, was vorher war. Sie verkörpern nichts anderes als den Drang des Kosmos zu mehr Tiefe und einer Erweiterung des Bewusstseins.

Die Entfaltung eines Initiationsweges mit christlichen Schlüsselsätzen ist ein besonderer Akzent der Möglichkeit einer Integration. In allen Religionen gibt es diese Einweihungswege, sie gehören in der Regel zur mystischen Tradition und sind Instrumente, die uns befähigen, Gott von innen her zu erfahren. Initiationswege sind Einweihungen in Geheimnisse, die nicht im Alltagsbewusstsein gewusst sind.

Mircea Eliade spricht von einer dreifachen Offenbarung auf einem spirituellen Initiationsweg:

- die Offenbarung des Heiligen, dem Heraustreten aus der Dualität,

- die Offenbarung des Todes – als Übergang zu neuem Leben,
- die Offenbarung der Sexualität – als Teilhabe an göttlicher Schöpfungskraft im Zeugen und Gebären.[10]

Alle drei Aspekte sind von Bedeutung auf unserem kontemplativen Weg: Wir kontemplieren, um die Gegenwart Gottes und in ihr die Einheit mit allem zu erfahren. Der Prozess der Reinigung und Transformation auf dem kontemplativen Weg wird in allen mystischen Traditionen mit dem »großen Sterben« umschrieben. Ich nehme mir die Freiheit, im dritten Aspekt, nämlich der Energie der Sexualität, auch die Meditationskraft miteinzuschließen, die im »Sitzen« aufgebaut und entfaltet wird. Pia Gyger spricht von der »neuen Macht, die geboren wird in der Stille des Herzens vor allem Tun«[11]. Sie ist wahrlich eine schöpferische Kraft und Macht.

Der bzw. die Initiierte kennt diese Offenbarungen und integriert sie in seinem bzw. ihrem Ich. Die Initiation bedeutet ein geistiges Reifwerden, dieser Mensch ist einer, der die Mysterien erfahren hat, er ist *der Wissende*. Aber es ist nicht nur ein Erkenntnisprozess, es ist auch ein Weg, auf dem mit ihm etwas geschieht. Das heißt, Initiationswege sind Wandlungswege, symbolisiert im Bild der Raupe, die sich zum Schmetterling entpuppt. Diese Entpuppung ist der Schritt vom kleinen egozentrischen Ich zum großen ICH BIN. Er ist mit einem Tod verbunden, von dem alle Mystiker und Mystikerinnen sprechen – da stirbt etwas Altes, wir werden neu geboren und das Neue ist gänzlich anders, leuchtender, komplexer, integrierter.

Die alte Kruste wird fallen, wenn wir bereit und stark genug sind, uns der »Wahrheit« zu stellen. Das ist die erfüllte Zeit (Kairos), jene Zeit, in der das *»göttliche Milieu«*, wie Teilhard de Chardin es nennt, sich angereichert hat. Zu dieser rechten Zeit fängt der Baum an zu blühen, treibt er Blätter, trägt er Früchte, lässt die Blätter los und ist bereit, den Tod zuzulassen, nur um aufzuerstehen.

Der Einweihungsweg will Transformation in unserem Geist, in unserer Seele, in unserem Körper bewirken. Meister Eckehart sagt es so: »Wir werden völlig in Gott transformiert und verwandelt ... Gott wirkt und ich werde ... Das Wirken und das Werden aber ist eins.«[12]

Ein Schlüssel öffnet und verschließt

Ein Schlüssel kann eine Tür öffnen oder verschließen. Mit einer geschlossenen Tür wird ein Raum geschützt, der nicht jedem oder nur mit bestimmten Voraussetzungen zugänglich ist. Jede Tradition hat einen geschützten Raum, zu dem nur Insider Zutritt haben. »Schlüsselgewalt« haben jene, die diesen Schlüssel besitzen.

Schlüssel werden von Mystikerinnen und Mystikern in allen Zeiten gegeben, um neue Bereiche des Bewusstseins zu öffnen, um Zugang zu erhalten zur Weisheit des Herzens. Es ist nicht eine Weisheit, die zu Markte getragen wird. In diesem Zusammenhang wird von »Arkandisziplin« gesprochen. Darunter ist eine förmliche Verpflichtung des in ein religiöses Geheimnis Eingeweihten zu verstehen, dieses zu wahren.

Schlüsselsätze sind das Nadelöhr, das enge Tor, das Schüler und Schülerinnen der Kontemplation durchschreiten, um dieses neue Bewusstsein zu erreichen. Die Schlüsselsätze sind, wie auch die buddhistischen Koan, nicht aus dem Alltagsbewusstsein heraus lösbar. Schülerinnen und Schüler sitzen darüber und lassen sich die Antwort aus dem über- oder transpersonalen Bewusstsein schenken. In einem Schlüsselsatz kulminiert das Ganze und wirft gleichzeitig sein Licht auf einen konkreten Aspekt des Lebens. Durch dieses Nadelöhr betreten wir den weiten Raum, in dem keine Schranke mehr ist.[13]

Die Erfahrung wird geprüft

Wer sich entschließt, Schülerin oder Schüler zu werden, bekommt vom Lehrer bzw. von der Lehrerin als Einstiegswort das Wort »Nada«, ein Wort, das bekanntlich »nichts« bedeutet.[14] In der christlichen Mystik ist das Nichts ein vertrauter Begriff und steht meist für Gestalt- und Formlosigkeit der letzten Wirklichkeit, zen-buddhistisch gesprochen für die Leerheit. Der deutsche Mystiker Heinrich Seuse (1295–1366) formuliert das so:

> »Der Mensch kann in seiner Erdenzeit dahin kommen,
> dass er sich als Eins begreift in dem,
> der da ist das Nichts aller Dinge,
> die man verstehen oder benennen kann.
> Und dieses Nichts nennt man allgemein Gott,
> und das ist an sich selber ein allerwesenhaftes Sein.
> Und hier begreift sich der Mensch
> als Eins mit diesem Nichts.«[15]

Schülerinnen und Schüler sind eingeladen, nicht darüber nachzudenken, sondern eins mit ihm zu werden, indem es mit dem Ein- und Ausatmen verbunden wird. Die Übenden sitzen über dieses »Nada« so lange, bis sie die Antwort geben können zu den Fragen: »Was ist Nada?«, »Zeige mir Nada!«

In der Arbeit mit Schlüsselworten wird zuallererst die Erfahrung der Einheit geprüft, die in der Regel durch eine Demonstration zum Ausdruck gebracht wird. Auf die Frage des Lehrers bzw. der Lehrerin: »Was hast du mir gezeigt?«, beginnt das Gespräch über die Einheit in allem und die Besonderheit im Einzigartigen. In der christlichen Tradition prüfen wir aber auch die Wirklichkeit des In-Beziehung-Seins. Und das Gespräch setzt sich fort über die Bedeutung dieser Erfahrung für das eigene Leben und die Relevanz für den Alltag. Schließlich können die Themen, mit denen sich ein Schlüsselwort verbindet, angesprochen werden. Beispielsweise sind in der Geschichte der Begegnung der Maria von Magdala mit dem auferstandenen Christus im Garten (Joh 20,11–18) die Themen Auferstehung, Beziehung zwischen Maria und Jesus, Berufung und Sendung angelegt.

Unsere Schlüsselworte sind thematisch unterschiedlich im Schwerpunkt, repräsentieren sie doch unterschiedliche Lebenssituationen. Vertieft werden Schlüsselworte, die uns helfen,

- die Einheitserfahrungen zu vertiefen, in denen ich eins bin mit dem Göttlichen, z. B. »Ehe Abraham ward, bin ich« (Joh 8,58) oder »Das ist mein Leib« (1 Kor 11,24);
- den Reinigungsprozess zu intensivieren, z. B. die verlorene Drachme (Lk 15,8 ff.);
- die Leere erfahren zu lassen, z. B. Angelus Silesius: »Gott ist ein lauter Nichts, ihn rührt kein Nun noch Hier, je mehr du nach ihm greifst, je mehr entwird er dir.«[16];
- die Erfahrung zu vergegenwärtigen, dass alles miteinander in Beziehung steht, dass es ein »Zwischen« gibt, das sich als die Qualität der Geistkraft in unseren Beziehungen manifestieren kann, letztlich eine trinitarische Erfahrung, z. B. die blutflüssige Frau – »Wer hat mich berührt?« (Mk 5,25);
- unsere Einzigartigkeit zu erkennen und gegebenenfalls in Beziehung zu setzen mit unserer Lebensberufung, z. B. der Anruf aus dem brennenden Dornbusch (Ex 3,4);
- das Geschehen der Transformation erkennen zu lassen, z. B. Taulers Pferdemist, der als Dünger auf den Acker getragen und fruchtbar wird[17];
- uns zu ermutigen, unsere Erfahrung im Alltag zu personalisieren, z. B. Jesu Sendung der Maria von Magdala: »Geh zu meinen Brüdern« (und Schwestern, Joh 20,17).

Was hier so knapp und sachlich aufgelistet ist, will als ein in der Regel jahrelanger, manchmal schmerzhafter, manchmal beglückender innerer Prozess verstanden werden, in dem der bzw. die Kontemplierende sich ernsthaft bemüht und gleichzeitig offen ist für das, was sich ereignen will.

Reflexionen zu beiden Traditionen:

Wer sich auf dem Zen-Weg auf die Koan-Arbeit einlässt, der bzw. die weiß, dass es um das Erwachen zur letzten Wirklichkeit geht, zum wahren Wesen, das leer ist, ohne Gestalt und Form, kein Ich, keine Personalität. Und doch ist die Buddha-Natur nur zusammen mit den ganz konkreten Gestalten erfahrbar. In jedem Koan geht es deshalb um die Erfahrung der Einheit bzw. der Leere: Einheit in der Verschiedenheit, Verschiedenheit in der Einheit. Wer auf dem Weg erwacht, wird der Dimension gewahr, die uns im Innersten zusammenhält. Die Verschiedenheit von allem, was ist, wird nicht aufgelöst, sondern als Nicht-Zweiheit erfahren. Es gilt also zu erkennen: Alles ist eins und gleichzeitig: In dem Einen ist alles. Diese Erfahrung wird vertieft, indem sich der Zen-Schüler bzw. die Zen-Schülerin auf eine Zen-Geschichte nach der anderen einlässt, in denen wieder und wieder neue Situationen geschildert werden, die uns erkennen helfen, dass Formlosigkeit oder Leere eins ist mit allen Formen. Alles wird in seinem So-Sein wahrgenommen. Die Wesensnatur hat sich in *dieser* Gestalt manifestiert. Im Herz-Sutra wird dies so formuliert: Leere ist Form, Form ist Leere. Es geht hier um Identität, das heißt: Wenn ich eine Gestalt ansehe, dann sehe ich, die phänomenale und essenzielle Welt ist eins, z. B. dieser Baum, diese Blume ist die manifestierte Wesensnatur.

Leereerfahrung und Einheitserfahrung ergänzen sich. In der Einheitserfahrung sind wir auf das Eine konzentriert, auf diesen einen Atemzug, auf dieses Wort, in dem wir uns einsammeln und nach einiger Zeit gewahr werden, dass wir von Meditationskraft erfüllt sind. Dieses Geschehen öffnet die Augen unseres Herzens und befähigt uns zu einem Sehen, »was kein Auge gesehen hat«, und zu einem Hören, »was kein Ohr gehört hat« (1 Kor 2,9).

Der jüdische Religionsphilosoph Martin Buber kann uns behilflich sein für unser Verständnis von Einheitserfahrung in der christlichen Mystik. Er stellt die Frage nach der Einheit ohne Zweiheit und unterscheidet dann zwischen »zweierlei Geschehnis ... Das eine ist das Einswerden der Seele.« Das meint eine Einheitserfahrung mit sich selbst, ganz bei sich zu sein – ohne Gegenüber. »Das andere Geschehnis ist jene unausforschliche Art des Beziehungsakts selbst, darin man Zwei zu Eins werden wähnt ... Die Beziehung selbst, ihre vitale Einheit, wird so vehement empfunden, dass ihre Glieder vor ihr zu verblassen scheinen.«[18]

Es geht um Liebe. Die Dynamik ist jene der trinitarischen Beziehung, in der Personalität, Ich und Du, Einheit und Beziehung gleichzeitig, nondual wesenhaft gegenwärtig sind. Die göttliche Dreifaltigkeit ist der gestaltlose unveränderliche Urgrund und gleichzeitig das Gegenüber, in dem sich der Urgrund selbst erkennt und liebt. Einheit und Beziehung zwischen beiden ist ein unermessliches liebendes und schöpferisches Sein, das überfließt, über sich selbst hinauswächst und Welt wird und sich in dieser Schöpfung als Grundprinzip vergegenwärtigt hat. Eine Werdewelt hat Gott geschaffen, eine Welt, in der Evolution durch Vereinigung geschieht, die das Leben fortschreitend differenziert. Dem Naturwissenschaftler und Mystiker Teilhard de Chardin gehörte dieses Gottes- und Weltbild seine ganze leidenschaftliche Forschung. Für ihn ist die Einigung schöpferisch, d.h., die in einer echten Einheit geeinten Elemente bilden zusammen ein neues und höheres Sein gegenüber dem ungeeinten oder weniger geeinten Zustand. Aus dem höheren Eins-Sein tritt ein komplexeres und damit auch bewussteres Sein auf. Jede höhere Seele differenziert die Elemente besser, die sie vereint.

Entwicklung und Evolution ist im Zen kein Thema, ebenso wenig die Frage, wie Leere in Form übergeht. In der Prüfung von Koan liegt der Schwerpunkt also auf der Erfahrung der Einheit bzw. der Leere und nicht auf dem Weg der Transformation, während in der christlichen und auch in der mystischen Tradition Transformation Weg und Ziel ist. Vor allem in der orthodoxen Spiritualität wird von Vergöttlichung (griech. Theosis) gesprochen, ein Geschehen von Einheit im Vollzug.[19]

Die christliche Tradition unterscheidet sich also vom Buddhismus durch ihre andere Sichtweise im Umgang mit Personalität, wie bereits früher beschrieben, und im Umgang mit der Materie. Inkarnation, Erlösung und Auferstehung sind Heilsgeheimnisse, die im Leib und mit ihm und der ganzen Schöpfung geschehen. Gott wird Mensch, »das Wort wird Fleisch« (Joh 1,14), es beseelt den Körper und macht ihn zum »Tempel des Heiligen Geistes« (1 Kor 6,19). Die Hochzeit zwischen Geist und Materie war ein favorisiertes Thema von Pia Gyger, das sie in den folgenden Zeilen fokussiert auf den Punkt bringt: »Nicht Auflösung der Materie ist Ziel der christlichen Fülle, sondern Transformation der Materie. Die Auferweckung Christi und Marias zeigen, dass die Materie berufen ist, ins trinitarische Geheimnis aufgenommen, sozusagen mit dem gestalt- und formlosen Geheimnis vermählt zu werden.«[20] Wenn also Schlüsselworte geprüft werden, dann kommen die Unterschiede zwischen den beiden Traditionen zur Sprache.

9. Das Lehrer*in-Schüler*in-Verhältnis

Johannes vom Kreuz rückt die Beziehung zwischen Lehrer*in und Schüler*in ins rechte Licht: »Es mögen doch jene, die Seelen führen, beachten und bedenken, dass der Haupthandelnde und Führer und Beweger der Seelen bei diesem Unternehmen nicht sie sind, sondern der Heilige Geist, der die Sorge für sie nicht aufgibt, während sie nur Werkzeuge sind, um sie durch den Glauben und das Gesetz Gottes an der Vollkommenheit auszurichten, entsprechend dem Geist, den Gott einem jeden immer mehr gibt.«[1]

Wer einen Weg nach innen gehen will, tut gut daran, sich begleiten zu lassen. Und jene, die begleiten, sollten sich bewusst sein, dass sie, wie Johannes vom Kreuz betont, nur Werkzeuge der Hl. Geistkraft sind. Die Reise nach innen ist einer Reise in das Universum vergleichbar: Es ist ein Abenteuer, das mit Grenzerweiterungen verbunden ist, nie sind wir vor Überraschungen sicher und auf jeden Fall werden wir in neue Dimensionen geführt.

Alle Religionen kennen das Lehrer-Schüler-Verhältnis. In der christlichen Tradition beginnt dieses mit Jesus von Nazareth, der Jüngerinnen und Jünger um sich geschart hat. Ein altes Zeugnis für geistliche Begleitung sind die Sprüche der Wüstenväter und -mütter. Diese haben sich qualifiziert durch den eigenen geistlichen Weg, dem Prozess der Selbst- und Gotteserkenntnis, durch die Herzensruhe, zu der sie gelangt sind, und durch die Unterscheidung der Geister. Sie verstanden sich als Werkzeuge Gottes und wurden zu Begleiterinnen und Begleitern, weil andere bei ihnen Unterweisung gesucht haben.

Karlfried Graf Dürckheim[2], der diesem Thema ein eigenes Buch widmete, ist der Überzeugung, dass der Meister als Archetyp »die Ur-Antwort ist auf eine Ur-Not«, in die der Mensch auf einer bestimmten Stufe seiner Entwicklung gerät. Er schreibt sinngemäß: Der Ruf nach dem Meister eröffnet eine neue Epoche in der Geschichte des abendländischen Geistes. Er lässt die altgewordene Neuzeit hinter sich, es ist ein Symptom der Ablösung des Zeitalters der Aufklärung durch eine neue Aufklärung. Der Mensch des Westens erkennt in ihr, dass er in der bisherigen Geistigkeit der eigentlichen Wirklichkeit verstellt war. Ein neues Tor geht auf. Es geht nicht mehr nur um Leistung, Durchsetzungskraft, Wohlverhalten. Das Entscheidende ist nunmehr der verpflichtende Bezug zur Transzendenz und zu der in ihm gründenden Möglichkeit zu der menschliches Sein vollendenden Reife.[3]

Das Tor ist aufgegangen, nicht zuletzt durch die Begegnung mit der Zen-Tradition in den letzten Jahrzehnten. Wer sich heute bei einem Zen-Sesshin anmeldet, ist herausgefordert, sich dem streng ritualisierten Tagesablauf anzuvertrauen und das hierarchische Gefälle zwischen Lehrerin/Lehrer und Schülerin/Schüler zu bejahen. Nicht selten ist gerade diese Gegebenheit der Auslöser für einen Versöhnungsprozess mit Autoritäten aus der eigenen religiösen Tradition.

Das Lehrer-Schüler-Verhältnis in der buddhistischen Tradition

Pater Lassalle macht deutlich, dass der Leitung durch Zen-Meisterinnen und -Meister stets größte Bedeutung beigelegt wird, obwohl Buddha in seiner letzten Lehrrede von sich weggewiesen und gesagt haben soll: »Seid euch selbst eine Leuchte, eine Insel, seid euch selbst eine Zuflucht, ihr Mönche, habt keine andere Zuflucht! Die Lehre sei euch eine Leuchte, die Lehre sei eure Zuflucht, habt keine andere Zuflucht!«[4] Gleichwohl, die Beziehung zwischen Meisterin/Meister und Schülerin/Schüler ist im Osten seit jeher enger gewesen als im Westen, was im Zen besonders stark zutage tritt. Die große Erfahrung wird nicht durch Worte und Schrift weitergegeben, sondern von Herz zu Herz bzw. von Geist zu Geist.[5]

Das buddhistische Meisterbild ist uns in Hunderten von Koan übermittelt. Es ist vielschichtig und schillernd, manchmal humorvoll, manchmal in großem Ernst, der Mensch ohne Rang und Namen gleichermaßen wie der monarchische Herrscher. Der Meister bzw. die Lehrerin sind Wissende und Nichtwissende, die um jeden Preis ihre Schülerinnen und Schüler zum Erwachen bringen, die auf konkrete Fragen mit »Mu« antworten wie Joshu[6], die provozieren und schlagen und, wenn es sein muss, den Finger abschneiden wie Gutei, denn es gilt zu erkennen: In dem Einen ist alles![7] Nansen tötet die Katze des Klosters, weil seinen Schülern das rettende Wort nicht einfällt.[8] Aber auch Ōbai, der 5. Patriarch, der mit einem Blick die unterschiedliche Entwicklung seiner Mönche erkennt, es vermeidet, sie zu beschämen, und bereit ist, sie behutsam bis zum anderen Ufer zu begleiten.[9] Die Geschichte des Zen ist voll von paradoxen Aufforderungen, z. B.: »Bringe den Ton der Glocke eines entfernten Tempels zum Schweigen!«, oder »Zeige mir dein wahres Gesicht vor der Geburt deiner Eltern!« Manche Vorträge (jap. Taishos) verwirren: Z. B. kommt Meister Ummon vor die versammelte Gemeinschaft und sagt: »Was zu sagen war, ist gesagt!« Und geht wieder. Auch Buddha soll sich ähnlich verhalten haben: Er kommt, setzt sich vor seine Schüler, Manjusri gibt ein Zeichen mit dem Hammer und sagt: »Bewahrt den Dharma des Dharma-Königs gut! Der Dharma des Dharma-Königs ist genau dies!« Dann stieg der Welt-Erhabene wieder vom Pult. Yamada Roshi meint dazu: Eine wunderbare Predigt des Welt-Erhabenen.[10]

In der Prüfung wird einmal die essenzielle, einmal die phänomenale Dimension fokussiert, manchmal ist es wie ein Spaziergang zwischen den beiden Welten und immer geht es darum, zu erkennen, ob wir das wahre Wesen wirklich erkannt haben. Ein Vergleich, mit dem Pia Gyger oft Yamada Roshi zitierte, ist der algebraische Bruch mit Zähler und Nenner, der von einem Kreis umschlossen wird. Immer geht es um die Einheit beider Aspekte, die letztlich – und vom Ursprung her – Eines sind, die zwei Seiten der Hand und die obere und untere Seite des algebraischen Bruchs. Oft wird diese Einheit auch einfach das Faktum oder die Wirklichkeit genannt.[11]

Nicht selten wird die Tätigkeit des Zen-Meisters bzw. -Lehrers mit der Handhabung eines Schwertes verglichen. Es geht nicht um ein physisches Töten. Buddha ist der Aufgewachte. Erwachen kann man nur, wenn alle trügerischen Illusionen und gedanklichen Selbsttäuschungen ausgemerzt sind. Darum wird dem Schwert immer eine doppelte Funktion zugesprochen: Es soll einerseits »töten«, alle Illusionen abschneiden und alles ausmerzen, was nur als gedankliche Vorstellung existiert, und andererseits neues Leben schenken, nämlich das Leben, das frei von Selbsttäuschungen ist und deshalb als die große Freiheit erlebt wird.[12]

Die Zen-Schule führt, wie bereits vermerkt, ihre Weitergabe auf die Herz-zu-Herz-Beziehung bzw. die Beziehung von meinem Geist zu deinem Geist. Davon erzählt die Episode zwischen Buddha und Mahakashyapa auf dem Geierberg. Buddha hatte aufgehört zu predigen. Er nahm eine Blume und drehte sie zwischen seinen Fingern. Alle Zuhörenden waren fassungslos, nur Mahakashyapa lächelte. Buddha sagte: »Ich habe das kostbare Auge des wahren Dharma, den wunderbaren Geist des Nirvana, die wahre Form der Nicht-Form, das geheimnisvolle Dharma-Tor. Es hängt nicht von Buchstaben ab, sondern wird auf besondere Weise außerhalb aller Lehren übermittelt. Jetzt vertraue ich es dem Mahakashyapa an.«

Es soll abschließend wenigstens erwähnt werden, dass in der klassischen Zen-Literatur vor allem von Zen-Lehrern bzw. -Meistern die Rede ist. Frauen sind kaum sichtbar, wie es im Übrigen auch in anderen religiösen Traditionen der Fall ist. Doch in den letzten Jahrzehnten ist auch in dieser Hinsicht ein Erwachen geschehen. Engagierte Zen-Lehrerinnen und -Meisterinnen spürten den Frauen in der Geschichte nach und wurden fündig. Seit Buddhas Zeiten gibt es ordinierte Frauen und Dharma-Erbinnen in den buddhistischen Gemeinschaften, wenn auch zahlenmäßig viel weniger als Männer. Diese Forscherinnen deckten die diskriminierende Praxis gegenüber Frauen in den klösterlichen Gemeinschaften auf. Die Vielzahl heutiger Zen-Meisterinnen hat bereits das Meister-Bild in der buddhistischen Tradition verändert und wird es sicherlich noch weiterhin tun.[13]

Begegnung mit den inneren Abgründen

In der *via integralis* wird das Lehrerin-/Lehrer-Sein vor allem darin deutlich, dass zum einen in einem Kontemplationskurs täglich ein unterweisender Vortrag eingebracht wird, der Erfahrungen deutet, Perspektiven für den Weg aufzeigt und verlockt, sich tiefer auf den Weg einzulassen.

Der zweite Schwerpunkt sind die Einzelgespräche, die täglich angeboten werden und in Freiheit angenommen werden können. Jene Kontemplierende, die den Weg nach innen verbindlicher gehen möchten, werden in einem spezifischen Ritual als Schülerin bzw. Schüler aufgenommen. Es ist eine gemeinsame freiwillige Selbstverpflichtung, verbunden mit der Ausrichtung, sich ernsthaft auf diesen Weg einzulassen. Nach meiner Erfahrung hat es eine Qualität von »zueinander berufen sein«. Es ist ein besonderer Ausdruck des Vertrauens, wenn sich ein Mensch für diesen Weg entscheidet und sich begleiten lässt.

Der Weg spiritueller Entwicklung, auf dem das Ego transzendiert werden soll, ist kein Spaziergang. Es ist ein Transformationsweg, auf dem sich unsere alte Identität auflöst und eine neue geboren wird. Es ist ein Weg in die tiefsten Abgründe:

- In die Abgründe unseres menschlichen Seins im Zulassen von alten und unverarbeiteten Anteilen in uns. C. G. Jung spricht von Schattenbegegnung.
- in den dunklen Abgrund der Transzendenz, ein Zustand, der mit totalem Nichtwissen verbunden ist.

Der Weg ist eine hohe Form von Selbstbegegnung. Alles, was in uns ist an Unruhe, an Verletzung, an Ungeordnetem, an Abgespaltetem, taucht irgendwann auf. Dann ist es sinnvoll, es ins Einzelgespräch zu bringen, es auszusprechen und zu vertrauen, dass es integriert werden kann. Gegebenenfalls braucht es zusätzlich nochmals Zeiten von therapeutischer Behandlung außerhalb der Kontemplation.

Zentrale Themen in Einzelgesprächen

Viele Kontemplierende erleben immer wieder Phasen von *Trockenheit und Wüste*, ein Zustand, den Teresa von Ávila in *Die innere Burg* in der dritten Wohnung beschreibt.[14] In dieser Phase des Weges brechen alle bisherigen Konzepte zusammen, alle Gottesbilder werden brüchig, begleitet von Gefühlen der Mutlosigkeit, der Resignation und vielleicht auch Schmerzen. In solchen Situationen ist es besonders wichtig, von Lehrerinnen bzw. Lehrern Deutung zu erhalten, Ermutigung zu erfahren und darauf zu vertrauen, dass der Zustand der vierten Wohnung, nämlich die Versenkung, in der Ruhe und Gegenwärtigkeit vorrangig sind, als ein nächster Schritt ansteht.

Eine der Wirkungen von geduldiger Kontemplation ist das Anwachsen der Meditationskraft, im Zen *Joriki* (jap.) genannt. Im Grundsätzlichen können wir dafür dankbar sein, befähigt es uns doch zu einer stärkeren Konzentration und tieferer Ruhe. Es können aber auch Begleitphänomene auftauchen, die manchmal beglücken, aber auch nicht selten beängstigen. Wenn z. B. unsere intuitiven Kräfte geweckt werden und eine Fülle von kreativen Gedanken auftauchen, ist die Gefahr groß, sich darin zu verlieren. Andererseits kann unser Körper mit verschiedenen Symptomen reagieren, z. B. Hitzezustände, Herzklopfen, Atemnot. Sinnes- und Körperwahrnehmungen können plötzlich verändert sein und es tauchen sogenannte täuschende Empfindungen oder Bilder auf, im Zen *Makyos* (jap.) genannt. Oft erzählen die Kontemplierenden z. B., wie vor ihnen am Boden Gesichter oder Fratzen erscheinen. Manchmal erscheinen Bilder, mit denen sich tiefe spirituelle Gefühle verbinden und die dazu verlocken, bei ihnen zu verweilen. Was auch immer uns in der Kontemplation begegnet, es ist hilfreich, es im Einzelgespräch auszusprechen, wenn nötig Deutungshilfe zu erfahren, um es dann wieder loslassen zu können.

Ein weiteres Beispiel, das in der Regel die Kompetenz eines Lehrers oder einer Lehrerin erfordert, ist der Umgang mit energetischen Phänomenen, z. B. mit der *Kundalinikraft*, die in der tantrischen Lehre als Schlangenkraft bezeichnet wird.[15] Durch Kontemplation kann diese Kraft plötzlich erwachen und aufsteigen. In jedem der sieben Chakren entlang der Wirbelsäule kann sie als spezifische Energie wahrgenommen werden, z. B. auf der Ebene des zweiten Chakras als sexuelles Bedürfnis, auf der Herzebene als Herzensenergie, auf der Ebene des dritten Auges als Intuition und schließlich auf der Ebene des Scheitelchakras als spirituelle Erfahrung. Eindrücklich beschreibt Gopi Krishna dieses Geschehen: »Sobald ein solches Erwachen stattfindet, erfährt der normale biologische Rhythmus des Körpers unmittelbar eine drastische Veränderung, die sich völlig der Kraft und Kontrolle des Menschen entzieht. Sein Körper ist jetzt ein Mini-Laboratorium, das Tag und Nacht mit höchster Geschwindigkeit arbeitet.«[16] Gobi Krishna konkretisiert dieses Geschehen: Als feinstoffliche Essenz strahlt es in Wirbelsäule, Gehirn und Nerven aus, ein Teil der Essenz überschwemmt die Zeugungsorgane, die außergewöhnlich aktiv werden; es regt die Organe an, um ihre Funktionen dem neuen Leben anzupassen. Mit anderen Worten zeigt das Erwachen der Kundalini das Phänomen der Wiedergeburt, das in den religiösen Überlieferungen der Menschheit ausgedrückt wird. Menschen, die einer solchen Erfahrung ausgesetzt sind, berichten oft, dass diese Prozesse phasenweise bedrohlich sind, insbesondere dann, wenn nicht bewusst ist, was im Körper geschieht.

Von besonderer Bedeutung sind das Erkennen und die Begleitung einer *Durchbruchserfahrung*. Dies wird manchmal so beschrieben: Ein Küken versucht, aus seinem Ei zu schlüpfen, und beginnt, mit seinem kleinen Schnabel die Eischale von innen her zu bearbeiten. Zu gegebener Zeit pickt seine Mutter das Ei von außen auf, und siehe da: Die Eischale bricht und das Küken erblickt das Licht der Welt. Vergleichbar diesem Huhn ist das Tun der Lehrerin/des Lehrers, die ihr Gespür einbringen für den rechten Kairos dieses Geschehens.

Nicht weniger Augenmerk braucht die Begleitung für die *Integration der Erleuchtungserfahrung* ins konkrete Leben, was das Wichtigste überhaupt an diesem Weg ist.

Begleitung ist Dienst auf dem Weg zum Erwachen

Lehrerinnen und Lehrer trauen ihren Schülerinnen und Schülern zu, ihr tiefstes Wesen bzw. Gottes Gegenwart zu erfahren. Sie werden dafür alle Kräfte verfügbar machen, sie ermutigen und ermächtigen dabei, immer im Wissen, dass die Erfahrungen und der Prozess letztlich nicht von ihnen abhängen. Beide, Lehrer und Schüler, bewegen sich auf einem Terrain, das von Natur aus nicht gewusst ist, also überbewusst oder unbewusst. Es ist ein Bewegen in Grenzbereichen, in denen wir tastend voranschreiten. Beide sind lernend und angehalten, offen zu sein für die Impulse aus der Quelle. Gelingt dieses Miteinander, ist es eine schöpferische Beziehung, die neue Wirklichkeit schafft und beide nachhaltig prägt.

Aufseiten der Lehrenden braucht es Kompetenz, Integrität und Transparenz, auch in Bezug auf die eigene Begrenztheit. Sie sind beauftragt, die Schülerinnen und Schüler in die Freiheit zu führen, denn die Freiheit von jeglicher Täuschung und Illusion ist Kernbestandteil jedes Weges. Authentische Lehrende werden sich mit großer Präsenz ihren Schülerinnen und Schülern zuwenden, gut zuhören mit dem einen Ohr zum Gegenüber, mit dem anderen Ohr nach innen in den eigenen Grund. Sie werden keine Angst vor der Wahrheit haben und gegebenenfalls die Schülerinnen und Schüler zurechtweisen, wenn sie Schaden für sich oder andere angerichtet haben.

Gefahren in der Begleitung

Die Macht einer spirituellen Lehrerin bzw. eines spirituellen Lehrers ist also nicht von außen gegeben. Sie ist eine Facette der Gottverwirklichung. Eine spirituelle Lehrerin, ein spiritueller Lehrer kann spirituelle Macht nicht missbrauchen, ohne sie zu verlieren. Der Jesuit Klaus Mertes, der 2010 sexuelle Missbrauchsfälle in Berlin öffentlich gemacht hat, macht auf die Gefahr des spirituellen Missbrauchs aufmerksam. Er weist darauf hin, dass nirgendwo Macht mit größerem Anspruch auftritt, als wenn sie mit der Sphäre des Göttlichen verbunden wird. In der geistlichen Begleitung ist für die Lehrerin, den Lehrer höchste Wachsamkeit geboten, die eigene Stimme nicht mit der Stimme Gottes zu verwechseln und darüber Druck auszuüben bzw. die Entscheidungsfreiheit des Schülers bzw. der Schülerin einzuengen.[17] Gleichermaßen gilt es, wach zu sein, dass Schülerinnen und Schüler die Stimme der Lehrerinnen und Lehrer nicht mit der Stimme Gottes verwechseln.

Genauso wie negative Machtausübung und finanzielle Ausbeutung ist eine sexuelle Beziehung der Lehrenden mit ihren Schülerinnen bzw. Schülern inakzeptabel. Authentische spirituelle Lehrer haben eine rein spirituelle Aufgabe mit rein spirituellen Mitteln an ihren Schülern zu erfüllen.[18]

Schüler behalten dabei immer die Verantwortung für sich selbst, müssen sich jedoch, damit eine Lehrer-Schüler-Beziehung entstehen kann, ein Stück weit anvertrauen bzw. folgen. Lehrer haben in diesem Prozess daher eine besondere Verantwortung für sich selbst, für die Schüler und für die gemeinsame Beziehung.

Phasen der Begleitung

Immer wieder können wir als Lehrerinnen und Lehrer erleben, dass Übertragungen negativer oder positiver Färbung stattfinden, wie sie sich auch in der therapeutischen Beziehung ereignen. Auch in einem solchen Fall braucht die Lehrerin Kompetenz und Gelassenheit im Umgang damit. Joan Halifax, eine amerikanische Zen-Meisterin, die wiederholt an interreligiösen Veranstaltungen im Lassalle-Haus teilgenommen hat, zeigte einmal in einem Vortrag drei Phasen des Lehrer-Schüler-Verhältnisses auf. Es entspricht dem Dreischritt von Glauben, Zweifel, Entschiedenheit auf dem zen-buddhistischen Weg. Nachfolgend werden diese Phasen kurz ausgefaltet:

1. Idealisierung des Lehrers

Überwältigende transformierende Erfahrungen führen dazu, dass Schülerinnen und Schüler in der Anfangszeit die Lehrerin bzw. den Lehrer idealisieren. Diese Erfahrungen rufen das innere Kind wach und führen zu Projektionen. Idealisierung bedeutet immer, dass das Dunkle im eigenen Leben abgespaltet wird, denn ich will ja ein »gutes Kind« sein. Zunächst entsteht die Erwartung, dass die Lehrerin alle meine tiefsten Bedürfnisse befriedigt.

Gefahr für den Lehrer besteht dann, wenn ihm die eigenen narzisstischen Bedürfnisse nicht bewusst sind und die persönliche Macht noch nicht Seins-Macht ist, dann entsteht Abhängigkeit vonseiten der Lehrerin, des Lehrers zum Schüler, zur Schülerin.

Die Idealisierung verschwindet dann, wenn die Lehrerin in menschlicher Begrenztheit erlebt wird und ihr das nicht verziehen wird. Es kann auch sein, dass die narzisstischen Bedürfnisse des Schülers durch die Lehrerin nicht weiter befriedigt werden, oder es geschieht im Schüler ein innerer Reifungsschritt.

2. Phase der Differenzierung

Danach folgt eine Phase der Desillusionierung und Enttäuschung. Die Identifikation löst sich, weil sie sich lösen muss! Jetzt geht es darum, die Projektionen zurückzunehmen. Es besteht die Chance zu größerer Autonomieentwicklung und die Verpflichtung, ein wenig mehr sich selbst zu werden. Diese Autonomie wird nur erreicht, wenn das ins eigene Leben integriert wird, was bisher ausgespart wurde. Zu dieser zweiten Phase gehört der Weg ins Dunkle. Es ist eine »gefährliche Zeit«, da die Gefahr der Dämonisierung besteht bzw. Sündenböcke geschaffen werden. Es ist eine Prüfungs- und Reinigungszeit!

3. Phase der Neuorientierung und Integration

Wer durch das eigene Dunkel hindurchgegangen ist, alle Projektionen zurückgenommen hat und sich selbst und die Welt mindestens punktuell so sieht, wie sie ist, dem/der wachsen langsam neue Kräfte zu, dem/der werden die eigenen Anlagen und Fähigkeiten wieder zugänglich. Es geht darum, die zu werden, die wir sind. Das Gespür für die Ganzheitlichkeit ist gewachsen und ebenso für die Einzigartigkeit sowie für die spezifische Aufgabe, zu der wir berufen sind.

Letztlich geht es in diesem Prozess um das, was Graf Dürckheim das Finden des »inneren Meisters« nennt. Wer reif ist für den Weg, der darf wissen, dass er den Meister bzw. die Meisterin in sich selbst hat. Hätte er ihn nicht, könnte er den Lehrer draußen nicht finden. »Der innere Meister ist das in uns lebendige, zu einer Verwandlungskraft erhobene Urwissen um den uns eingeborenen Weg zur Erfüllung der uns zugedachten Bestimmung … Der innere Meister ist man selbst als das bewusst gewordene Potenzial des Menschen, der man sein könnte und sein sollte.«[19]

Zweifelsohne hat sich das Verhältnis zwischen Meistern bzw. Lehrern und Schülern im Zen und in der Kontemplation bei uns im Westen verändert, wie sich auch in den letzten Jahrzehnten unser Verhältnis zu Autoritäten überhaupt verändert hat. Die Begegnung zwischen Lehrer und Schüler geschieht zunehmend auf Augenhöhe. Der Zen-Meister Dieter Wartenweiler von der Lassalle-Zen-Linie sagt in einem Vortrag dazu: »… Wir müssen es zulassen, gemeinsam, als Ganzes zu existieren. Es ist unsere Aufgabe, zusammen zu forschen, selber Erfahrungen zu machen, sie zu reflektieren. Hierarchien, die nur Einzelinteressen dienen, werden aufgelöst. Es sieht so aus, als ob eine Demokratisierung des Geistes stattfindet. Wir müssen ehrlich prüfen, wo patriarchale Strukturen und die autoritäre Macht Einzelner die Entwicklung des kollektiven Bewusstseins behindern. Lehrer und Schüler werden in Zukunft wohl vermehrt auf gleicher Ebene unterwegs sein und sich gemeinsam entwickeln, und auch die Rituale verlieren ihren hierarchischen Charakter.«

Nur einer ist euer Meister

In der christlichen Tradition ist Jesus Christus Maßstab für das Lehrer-Schüler-Verhältnis. Matthäus überliefert uns in seinem Evangelium 23,8–12 einen Text, der geradezu provokativ ist:

»Ihr sollt euch nicht Meister (Rabbi) nennen lassen; denn nur einer ist euer Meister, ihr alle aber seid (Schwestern und) Brüder. Auch sollt ihr niemand auf Erden euren Vater nennen; denn nur einer ist euer Vater, der im Himmel. Auch sollt ihr euch nicht Lehrer nennen lassen; denn nur einer ist euer Lehrer, Christus. Der Größte von euch soll euer Diener sein. Denn wer sich selbst erhöht, wird erniedrigt, und wer sich selbst erniedrigt, wird erhöht werden.«

Es darf angenommen werden, dass der Text eine Kritik ist an den Verhältnissen der jungen Kirche. Aber zweifellos spricht er ein zeitlos gültiges Problem an, nämlich die Gefahr, sich in Ämtern und Würden über andere zu erheben. So bleibt der Text für alle Zeiten ein Spiegel und die Herausforderung, sich in seinem Tun selbstkritisch zu hinterfragen.

Mehrfach ist uns überliefert, dass die ersten Jünger Jesus »Meister« nannten (vgl. z. B. in Mt 8,19). Und in jener Geschichte, in der anschaulich dargestellt ist, in welchem Sinne diese Meisterschaft verstanden werden darf, nennt Jesus sich selbst »Herr und Meister«. Ich nehme hier einen Predigtbeitrag der Kontemplationslehrerin Regula

Tanner auf, der meisterhaft entfaltet, was Jesus uns vermitteln will. Gleichzeitig ist damit eines unserer Schlüsselworte vorgestellt: »Begreift ihr, was ich an euch getan habe?« (Joh 13,12).

»Beim letzten Mahl mit den Seinen wäscht Jesus saubere Füße. Die Anwesenden wundern sich. Sie hätten sich doch nie mit schmutzigen Füßen an den Tisch gesetzt. Selbstverständlich hat ihnen der Gastgeber bereits eine Schüssel Wasser und ein Tuch gereicht, um den Straßenstaub von den Füßen zu schrubben.

Warum dann noch einmal? Was soll das?

Die Reaktion des Petrus ist vielschichtig. Erst verbietet ihm sein Stolz, dass Jesus ihm die Füße wäscht. Dann meint er, es gehe um rituelle Reinheit, und möchte von Kopf bis Fuß gewaschen werden. Doch beides wehrt Jesus ab. Es geht weder um Reinheit noch um Sauberkeit. Die Anwesenden sollen aufwachen, aufwachen zur göttlichen Gegenwart.

Jesus möchte über diese provokative und unverständliche Tat erreichen, dass sie begreifen, dass sie endlich die Augen aufmachen, erfahren, dass sie an ihm Anteil haben, wie er es ausdrückt. Anteil an Jesus haben, heißt, zu erfahren, dass nichts mehr von Gott trennt. Gott ist in jedem Menschen da wie in Jesus. Darin ist jeder Mensch ein Meister.

Jesus, der Meister, dient. Das ist das Modell für diejenigen, die leben wollen wie er: Ganz Meisterin, ganz Meister, ganz Dienerin, ganz Diener. »Später wirst du es begreifen«, sagt Jesus zu Petrus. Später, nach der Erfahrung. Und dann kniet sich Jesus nieder und wäscht die Füße.

Nachdem Jesus die Füße gewaschen hatte, fragte er: ›Versteht ihr jetzt, was ich getan habe? Ihr nennt mich Meister und Herr, und ihr sagt es zu Recht, denn ich bin es. Wenn nun ich als Herr und Meister euch die Füße gewaschen habe, dann seid auch ihr verpflichtet, euch gegenseitig die Füße zu waschen.‹

Das ist das Modell, wie die christlichen Gemeinden und Gemeinschaften zusammenleben sollen. Jedes Mitglied ist Meisterin, ist

Meister. Und diese Meisterschaft drückt sich gerade darin aus, dass die Meister und Meisterinnen voreinander niederknien.

Dieses Verhalten ist ›nicht von dieser Welt‹. Es ist göttlicher Natur und drückt sich darin aus, dass die eigene Würde nicht vom Status und von der Machtausübung abhängig ist. Die göttliche Meisterschaft fragt danach, was jetzt nottut, und tut das Nötige. Sie tut es mit den Augen Gottes, der sich selbst in jedem Menschen in die Augen schaut.

Wenn wir uns also gegenseitig die Füße waschen, wäscht Gott Gott die Füße. Ich berühre Gott, und er berührt mich, Gott sieht mich, ich sehe Gott.«[20]

2. TEIL

EXEMPLARISCHE BEISPIELE VON SCHLÜSSELWORTEN

10. NADA – Das Eingangs-Schlüsselwort

In einer Zeichnung, mit der Johannes vom Kreuz den mystischen Aufstieg auf den Berg Karmel, den Ort der Gegenwart Gottes, veranschaulicht, hat er den schmalen Pfad zur mystischen Vereinigung mit diesen Worten beschrieben: ›nada, nada, nada, nada, nada – und selbst auf dem Gipfel des Berges nada‹.«[1] Nada – nichts![2] – ein Wort also, das wir der spanischen Mystik des 16. Jahrhunderts verdanken. Johannes vom Kreuz, ein jüngerer Zeitgenosse der Teresa von Ávila, deren wichtigster Mitstreiter er wurde, als sie daranging, den weiblichen Zweig des Karmel-Ordens grundlegend zu reformieren, versuchte, Teresas Reformideen auch im eigenen Männerorden tatkräftig voranzutreiben. Das hatte zur Folge, dass er die Widerstände seiner konservativen Mitbrüder am eigenen Leibe zu spüren bekam – bis hin zu monatelanger Kerkerhaft und körperlichen Misshandlungen.

Später wurde er von seinen Mitbrüdern respektvoll als *›doctor nada‹* bezeichnet. Denn dieses Wörtchen Nada hatte es ihm angetan. Es wurde zum Schlüsselwort seines Lebens und begleitete ihn auch in den dunkelsten Stunden, als er, alleingelassen von allen, auch von seiner Kirche, die Abwesenheit Gottes schmerzlich durchleiden musste. Jahre später beschreibt er diese Erfahrung in seinem Gedicht *Die dunkle Nacht* und preist sie im Rückblick als »glückliche Nacht«.

In jener sel'gen Nacht,
in Heimlichkeit und ungeseh'n,
da auch mein Aug' nichts (nada) sah
als nur das Licht,
so führend mir im Herzen glühte.[3]

Nada wurde für Johannes vom Kreuz zum Weg, sich Gott anzunähern und eins zu werden mit dem Unendlichen. »Um dahin zu kommen, alles zu besitzen, wolle in nichts etwas besitzen.« Und diese Nichtswerdung bezieht sich vor allem auf den eigenen Willen, aber auch auf die emotionalen und die Verstandeskräfte. Seine Behauptung, im Nichts lasse sich das Ganze erfassen, zeugt von großer Radikalität.

»Nada« bedeutet in unserem Zusammenhang nicht »nichts« oder »ohne Belang«. Vom Wortsinn her ist es auch kein »Etwas« im Sinne eines »Nichts«, von dem wir wissen könnten; also kein philosophisches Thema der Erörterung.

Seine ethymologische Wurzel ist *non-nata,* was so viel heißt wie *nicht geboren.* Je mehr wir versuchen, uns durch angestrengtes Denken ihm anzunähern, desto weiter kommen wir von ihm weg. Wohl aber ist *»nada«* etwas, das wir erfahren können.

Mit diesem Nada sind wir eingeladen, uns auf den Weg zu machen. In der *via integralis* unterscheiden wir vier verschiedene Kontexte für das Üben mit Nada:

1. Nada als Leitwort, das auch Anfängerinnen und Anfängern gegeben wird. Über dieses Leitwort können wir jahrelang sitzen und üben, ohne dass es »langatmig« würde.

2. Nada als Eingangs-Schlüsselwort für den Weg der Schlüsselworte unter Anleitung eines Lehrers bzw. einer Lehrerin. Nada ist mit dem »Mu« auf dem Zen-Weg vergleichbar und wirkt als »torlose Schranke«. Alles Bemühen, alle Hingabe der Kontemplierenden gilt dem Einswerden mit dem Nada, bis ein Durchbruch zur Erleuchtung geschieht. Das kann Jahre dauern und schließt in der Regel einen intensiven Reinigungsprozess mit ein. Die Tiefe des Eintauchens in Nada ist jetzt ein Grad für die Tiefe der Versunkenheit, zu der ein Schüler bzw. eine Schülerin durch die Übung Zugang findet. Es ist die Aufgabe des Lehrers bzw. der Lehrerin, sensibel diese Tiefe wahrzunehmen und entsprechend zu locken – oder einen gewissen

Erfahrungswert von Tiefe anzuerkennen, um von dort aus die weiteren Schlüsselworte als »Wegmarken« anzusteuern.

3. Nada als Grundwort für die weitere Übung mit Schlüsselworten: Der Weg der Schlüsselworte bedeutet keinesfalls, dass wir über die Schlüsselworte nachdenken sollen. Sobald ein Schlüsselwort »gelöst« ist, können wir zu Nada zurückkehren als zielgerichtete Übung des Eintauchens in das Nichtwissen und Nichtdenken.

4. Nada als eigener spiritueller Weg, wie er von Bernhard Stappel als eigenständiger Weg neben dem Weg der Schlüsselworte innerhalb der *via integralis* entfaltet wurde. Im Verständnis von Johannes vom Kreuz ist das Einlassen auf Nada ein lebenslanger spiritueller Weg. Nach Paulus ist dies der Weg der »Kenosis«, vor allem der Weg der Liebe im Alltag. Dieser WEG ist nie zu Ende. Die Übung ist das Nur-Sitzen – reine Präsenz, verwandt der Übung des Shikantaza in der Zen-Praxis.

Die Übung mit Nada als Eingangsschlüsselwort ist der Beginn unseres Initiationsweges, der von uns fordert, alles Wissen loszulassen und in ein Nichtwissen einzutreten. Wir können dieses Wort mit dem Atem verbinden. Es gibt kein Patentrezept, wie es »richtig« oder »falsch« wäre, mit *»nada«* zu üben. Denn in dem Maße, wie es uns zu eigen wird, lernen wir uns selber kennen. Das schließt schmerzliche Momente und Wüstenzeiten ein. Nada hilft uns, in die Nacht der Sinne und in die Nacht des Geistes einzutreten. Es fokussiert alle Kräfte, zerbricht Schritt für Schritt die Schale des Ego.

Mit großem Ernst und radikaler Entschiedenheit sind wir also mit Leib und Seele darauf ausgerichtet, eins zu werden mit Nada. Es ist paradox, aber es geht um nichts weniger, als mit unserer ganzen Existenz das Nada zu verwirklichen. In dem Moment, in dem dies gelingt, durchschreiten wir die Schranke, die sich als torlos erweist, und im Durchschreiten eröffnet sich uns ein weiter Raum und erwartet uns eine große innere Freiheit. Der buddhistische Meister Mumon Ekai sagt zu diesem Geschehen: »Wer einmal diese Schranke durchschritt, spaziert in Freiheit im Weltall umher.«[4]

Um sich auf dem Weg des Nada nicht zu verirren, ist es hilfreich, sich begleiten zu lassen und die Erfahrungen zu teilen. Nada verweist uns zurück an das Leben, nicht nur des individuellen, sondern an das ungeteilte Leben, an dem jeder und jede von uns Anteil hat.

Zum Abschluss ein Erfahrungsbericht von F. L.:

»Tagebuchnotizen: Von einer Meditationswoche zurückgekehrt:
Heute Nacht geträumt: Ich sitze in der Kirche, in der Mitte der Bänke. Es ist, wie wenn es in der Kirche meines Heimatortes wäre. Es sind Leute um mich. Links von mir Beate, meine Frau, rechts ein Freund. Die Bänke sind so angeordnet, dass wir in der Kirche nach hinten schauen. Doch der Raum ist irgendwie offen, wie in eine Landschaft hinein.
Es steigt ein Wort in mir auf und drängt zur Aussprache: Es entstammt dem ersten der Zehn Gebote in der Betonung: ›Mach dir kein Bild von Gott!‹
Und wie ein mächtiger Hammer – oder Gong – mit Macht und Energie entspringt aus meinem Mund:
NICHTS!
Alle Begriffe von Gott: NICHTS!
Gott in den Dingen: NICHTS!
Gott, die Geschöpfe, Pflanzen, Tiere … NICHTS!
Es ist ein helles Nichts.
Da ist wie ein Weg und auf dem Weg wie eine kleine aufsteigende Rauchwolke, hell, weiß im Licht: NICHTS!
Sitzen an der Sprachgrenze
An der Sprachgrenze angekommen, wird Verstehen und Verstanden-Werden schwierig. Dann helfen, wenn überhaupt, nur noch Gesten und Zeichen. Oder das ›kurze Wort‹: NADA!

Bei dem, was wir mit dem Wort ›Gott‹ benennen wollen, kommen wir unweigerlich an die Grenze unserer Sprache. Wie viele Bibliotheken sind gefüllt mit Traktaten, die alle um ihn kreisen! Wie viele Versuche, in Begriffen zu fassen, was unbegreiflich und unfassbar ist!

Woher der Drang zum Wort, zum Erkennen, zum Verstehen? Aber welches Wort zeugt von Erkennen und bewirkt Verstehen? – Ist es jenes Wort, das aufsteigt aus dem Schweigen, aus der Stille und einfach Ja sagt zu dir, dem geheimnisvollen Du, das ich nie begreifen werde, Du, das mich kennt, mich sein lässt, in dem ich bin, was ich bin, das mir sagt, was ich war, als ich noch nicht war, was ich sein werde, wenn ich nicht mehr bin?

NADA! An der Grenze der Sprache fehlen die Worte. Sie sind zu spröde, zu klein, zu kurz gefasst, um wiederzugeben, was es heißt zu leben vis-à-vis dem Geheimnis des unaussprechlichen Namens, der geheiligt sein will. Und wo wir einander ganz nahe sind, verschlägt es uns die Sprache.

Todo y nada

Ich übe weiter mit ›Nada‹. Ja, langsam kommt es mir vor, dass Nada mit mir übt. Es kommt einfach immer wieder. So geht es in Richtung ›todo y nada‹«.

11. Ehe Abraham wurde, bin ich (Joh 8,58)

Jesus befindet sich mit Pharisäern in einem *Streitgespräch* (Joh 8,12–8,59). Es erinnert an jene Koan im Zen-Buddhismus, in denen ein Dharma-Gefecht stattfindet und Meister sich gegenseitig prüfen. Hier ist auffallend, wie die beiden Parteien ständig aneinander vorbeireden. Jesus spricht weitgehend aus einer göttlichen Perspektive – buddhistisch gesprochen aus der Ebene der Wesensnatur – und stößt dabei auf das Unverständnis seiner Gesprächspartner. Es wird offenbar, dass ihre Augen noch nicht geöffnet sind; sie sind im Zustand der »Finsternis«, der Unwissenheit, die im Zen-Buddhismus eine der Hauptsünden ist, d. h., sie wissen nicht, was ihre wahre Natur ist. Der Unerwachte lebt in der Illusion der Getrenntheit. Erwachen würde bedeuten, immer mehr aus dieser Getrenntheit herauszukommen und hineinzufinden in die Erfahrung der Einheit allen Lebens in jedem Moment. Genau diese Erfahrung wird im Einzelgespräch mit dem Lehrer bzw. der Lehrerin dann beim Schüler bzw. bei der Schülerin geprüft.

Auf den Ort, an dem das Gespräch stattfindet, wird in 8,20 hingewiesen: »Diese Worte redete er [Jesus] bei der Schatzkammer, lehrend im Tempel.« Der Hinweis hat eine Außen- und eine Innenseite: Der Tempel ist ein heiliger Ort, aber auch Jesus in seiner Person ist ein heiliger Tempel, aus dem die Worte, die er sagt, gesprochen sind. Sie dürfen sozusagen als Schätze erkannt werden.

»Wer bist du?« (8,25), ist eine der zentralen Fragen im Verlauf des Streitgespräches, gestellt von den Juden an Jesus. Dieser wird nicht müde, auf die Einheit mit seinem Vater hinzuweisen. Der Grund seiner Existenz ist der Vater, der ihn gesandt hat (8,26 ff.42.54). Ihn bezeugt er, und er bezeugt ihn (8,18). Wenn Jesus von sich selbst redet, ist es so, dass er die Stimme Gottes durch sich selbst zu Gehör bringt.

Jesu Antwort schließt Herkunft und Ziel mit ein. Bereits in 8,14 weist er darauf hin: »Ich weiß, woher ich gekommen bin und wohin ich gehe.« Selbstbewusstsein drückt sich in diesem Satz aus, der ganz aus der Verbundenheit mit Gott gesprochen ist. Bereits der erste Satz im Johannesevangelium gibt Antwort auf die Frage, woher Jesus kommt: »Im Anfang war das Wort und das Wort war bei Gott und Gott war das Wort … Und das Wort ist Fleisch geworden und hat unter uns gewohnt« (1,1.14). Der konkrete Mensch Jesus wird hier in einem kosmischen Zusammenhang verortet, in dem Raum und Zeit überschritten sind. Dieses Bewusstsein ist jetzt aktualisiert.

Jesus hatte das Gespräch schon mit einer Ich-Aussage begonnen: »Ich bin das Licht der Welt« (8,12). Es hätte der Schlüssel sein können, der öffnet, wenn es von innen her verstanden wird. Doch sie erkannten ihn nicht (vgl. 8,14.27.43). »Was machst du aus dir selbst?« (8,53) ist ihre Reaktion. Für den Menschen, der sich im Alltagsbewusstsein bewegt, wirken seine Worte blasphemisch und werden von den Gesprächspartnern Jesu auch so abgerufen. So spitzt sich das Gespräch zu. Es ist eine sehr ernsthafte Angelegenheit, über die hier gesprochen wird. Es geht um Leben und Tod. Um den äußeren und den inneren Tod. Bei den Schriftgelehrten wird die Aggression so groß, dass sie Jesus umbringen wollen. Sie wollen ihn steinigen. Jesus spricht von einem inneren Tod, der ein Durchbruch ist für die wesenshafte Wirklichkeit. »Wenn jemand an meinem Wort festhält, wird er auf ewig den Tod nicht schauen.« Ein Mensch mit geöffneten Augen und erwachten Herzen wird erkennen, dass Tod und Leben eins sind (8,51).

Im Zen würden wir sagen: Dieser Tod, der hier angesprochen ist, ist die *torlose Schranke*, durch die wir ins Leben treten. Jedes Koan ist solch eine torlose Schranke, eine Barriere, die unlogisch erscheint, paradox eben. Es geht ja darum, im Koan bzw. im Schlüsselwort das Ganze zu sehen und zu erfahren. Damit dies möglich ist, gilt es, die Ebene des Widerspruchs und damit des rationalen Ichs zu übersteigen und in einen Zustand des Nichtwissens und des Selbst einzutreten, der auf einer höheren Ebene erkennen lässt, dass in diesem Satz das

Ganze aufleuchtet. In der Mystik und im Zen wird dieses Geschehen auch als Sterben bezeichnet. In der christlichen Tradition ist damit immer ein Mitsterben mit Christus selbst gemeint, so wie wir auch mit ihm auferstehen (Röm 6,8). Für den erleuchteten Menschen gibt es weder Tod noch Barriere. In einem Zen-Sesshin wird zum Tagesabschluss an jedem Abend an dieses Sterben mit dem Totenruf erinnert:

Hört gut zu, ich sag euch allen:
Leben und Tod sind von großem Ernst,
Alle Dinge gehen schnell vorbei.
Seid stets wachsam, niemals nachlässig.
Niemals!

Ein gefährlicher Konflikt

Die Dramatik im Streitgespräch erreicht ihren Höhepunkt. Vergegenwärtigen wir uns zunächst den Text:

»Bist du etwa größer als unser Vater Abraham, der gestorben ist? – Was machst du aus dir selbst?«, fragen die Juden (8,53) … Jesus: »Euer Vater Abraham jubelte, weil er meinen Tag sehen sollte. Er sah ihn und freute sich« (8,56). Da sprachen sie zu ihm: Du bist noch keine fünfzig Jahre alt und willst Abraham gesehen haben? (8,57) Jesus erwiderte ihnen: »Amen, Amen, ich sage euch: **Noch ehe Abraham wurde, bin ich**« (8,58). Da hoben sie Steine auf, um sie auf ihn zu werfen. Jesus aber verbarg sich und verließ den Tempel (8,59).

ICH BIN

Erneut wird in diesem Dialog deutlich: Die Gesprächspartner reagieren auf der chronologischen Ebene. Jesus spricht aus der zeitüberschreitenden Ebene. Er transzendiert Vergangenheit, Gegenwart und Zukunft. Er stellt sich in die ewige Gegenwart Gottes.

Der Hinweis auf Abraham nimmt die phänomenale Ebene in den Blick. Er bezieht sich auf die Entwicklung des Menschen Abraham in der Zeit und setzt sie gleichzeitig in die Vergangenheit. Abraham ist der Mensch, der ins Leben geboren wurde.

»Bin ich« – in diesen Worten ist Zeitfreiheit und Zeit, Geschichtlichkeit und Menschlichkeit, in diesen Worten manifestiert sich die Ewigkeit. Die menschliche Identität kann sich so weit ausdehnen, dass sie das All umschließt. Ken Wilber drückt es so aus: »Alles, was immer präsent ist, ist ICH-BIN-heit. ...Sie ist nichts, was wir sehen können, sondern vielmehr der immer gegenwärtige Seher, der immer existierende offene und leere Zeuge all dessen, was entsteht; in jedem Menschen, in jeder Welt, an jedem Ort, zu jeder Zeit, in allen Welten bis zum Ende der Zeit gibt es nur ...diese strahlende, um sich selbst wissende und sich selbst erfahrende, sich selbst fühlende und sich selbst transzendierende ICH-BIN-heit, ganz gleich, ob sie vor fünf Minuten, vor fünf Stunden oder 500 Jahren präsent ist und war.[1]

Für Rudolf Schnackenburg ist diese ICH-BIN-Aussage der absolute Höhepunkt der johanneischen Offenbarung.[2] Sie verweist auf die Offenbarung am Horeb im Exodus 3,14: »Ich bin der ›Ich bin da!‹« Mit diesem Satz hat Gott sein tiefstes Geheimnis geoffenbart. ICH BIN ist nichts anderes als GEIST in der ersten Person, das höchste, sublime, strahlende, alles erschaffende Selbst des gesamten Kosmos, gegenwärtig in mir und dir, ihr und ihnen – als die ICH-BIN-heit, die jeder und jede von uns fühlt.[3]

Die Erfahrung des *»Ich bin!«* setzt eine Kraft und Macht frei, die uns zu schöpferischen Menschen macht, eine Kraft, die uns herausführt aus Knechtschaft und Unterdrückung. Wir können dieses »Ich bin« als Schlüsselwort so erfahren, dass es uns innere Autorität gibt und ein Bewusstsein, Mitschöpferin Gottes zu sein.

Wenn von einem Ich gesprochen wird, ist implizit ein Du gegenwärtig und ein *»Zwischen«* diesen beiden, das sie in Beziehung setzt und ihr Miteinander als Eins verstehen lässt. »Das große ICH BIN ist, christlich ausgedrückt, das im Menschen immanente, trinitarische Geheimnis. Gott schuf uns nach seinem Bild und Gleichnis. Versteckt in uns west der grundlose Grund unseres Seins, der uns hält und uns gleichzeitig in Freiheit in einen Kosmos entlassen hat, der eine offene, nicht vorherbestimmte Struktur aufweist. Ein Kosmos, in dem Gesetzmäßigkeiten, Zufall, Chaos und Offenheit gleichzeitig wirksam sind.«[4]

Am Ende verbirgt sich Jesus vor ihnen. Er geht weg. Er flieht vor den Steinen und erinnert an einen Satz von Augustinus: »Aber wehe jenen, vor deren steinernen Herzen Gott flieht!« Er schließt die Türe. Er schenkt ihnen keine weitere Offenbarungsrede und versagt seine Anwesenheit.

Seine Gesprächspartner haben nicht erkannt, dass es eine torlose Schranke gibt, die die phänomenale von der essenziellen Welt trennt bzw. diese mit ihr verbindet. Bereits vorher wollten sie ihn ergreifen, aber sie können ihm nichts antun, denn »… seine Stunde war noch nicht gekommen« (Joh 8,20). Diese kommt erst zur Stunde des Leidens, vgl. Joh 17,1: »Vater, die Stunde ist da! Verherrliche deinen Sohn, damit der Sohn dich verherrlicht.« Da vollendet sich die Sendung Jesu. »Die Stunde ist da« erinnert hier an: »Die Zeit ist erfüllt.« Meister Eckehart fragt: »Wann ist die Fülle der Zeit?« Und antwortet: »Wenn keine Zeit mehr ist.«[5]

Wenn wir sitzen und schweigen und immer tiefer kommen auf diesem Weg nach innen, wenn wir eins werden mit dem Schlüsselsatz, dann werden wir Schichten um Schichten dessen freilegen, was uns verformt. Bevor wir in die Erfahrung der Einheit hineinfinden, geschieht Reinigung in uns, begegnen wir allen Ängsten und Abspaltungen, die uns hindern an der Erfahrung der Einheit. Indem wir in Kontakt kommen mit dem Tiefsten in uns, taucht nach und nach die Gestalt in uns auf, die sichtbar macht, wer wir sind und wozu wir auf der Welt sind. In mir wächst die Gewissheit, ich brauche nichts anderes zu sein als die, die ich bin, und so bin ich richtig! Im Einlassen entbirgt sich das Geheimnis. Das ist die Frucht des Sitzens!

Nachfolgend nun ein Erfahrungsbericht meiner Schülerin T. I. zu diesem Schlüsselsatz, die dankenswerterweise einverstanden war, dass dieser hier veröffentlicht wird.

Erfahrungsbericht einer Schülerin T. I. zu Joh 8,58

»… Im vorausgegangenen Gespräch war ich ziemlich zermürbt und resigniert. Doch nun konnte ich mich erlöst und mit tiefer Freude mit dem Schlüsselsatz ›Ehe Abraham ward, bin ich‹ auf den Weg machen.

Beim nächsten Gespräch mit meiner Lehrerin konnte ich nicht anders, als auf mich zeigen, denn wenn ich eins bin mit Christus, bin ich Christus, und dies ›Ehe Abraham ward‹. Was ich dabei fühlte? Ganz kurz war der Gedanke an Überheblichkeit da. Dann aber spürte ich eine große Übereinstimmung meiner Empfindung mit meiner Geste. Hildegard forderte mich auf, aufzustehen und zu zeigen, welche Kraft und Macht in mir lebt. Da wurde ich unsicher, und ich wusste, dass ›es‹ noch nicht Zeit war. So ging ich zurück zur Kontemplation.

Da geschah das Unaussprechliche. Ich hörte mich sagen: ›Ich kann mich kreuzigen lassen, ich kann gekreuzigt werden.‹ Nun ist mein Körper ganz Kreuz. Mein Innerstes ist Kreuzmitte. Und ich spüre und sehe zu, wie etwas in mir ineinandergeht, zusammenfällt, sich durchdringt, rundet, eins wird, sanft und fließend. Da ist nur noch Ruhe und unsagbarer Friede und Leichtigkeit. Ich sehe meine Arme sich hebend, zum Himmel, zurückgleiten in die Vertikale, sich weit ausstreckend, umfangend und ruhend in der Kreuzmitte. Da ist eine Stimme, die zu mir spricht. Zärtlich, unaufdringlich, aber ganz bestimmt. Da bin auch ich, die das Gleiche spricht. Wir sprechen es einander zu. Wir sprechen es gleichzeitig: ›Ich kann Himmel und Erde verbinden, Ost und West. Ich kann Gegensätze vereinen und Frieden stiften. Ich kann umfangen, was krank, traurig und beladen ist. Ich kann lösen und erlösen. Ich kann, kann, kann …‹

Eine große Gewissheit ist in mir. Ich kann all das – als Christus. Ich bin nicht nur Christi Hand, Fuß oder Mund, ich bin ganz Christus. Was ich schon als Kind und mein ganzes Leben hindurch geahnt und stückweise auch getan habe, geschieht ganz neu. Nicht mehr: Du sollst … Eine Christin muss … Du hast die Pflicht … Es ist deine Aufgabe, von dir ist erwartet … Es ist kein Tun mehr, es ist einfach Sein. Dieses Sein muss die Liebe sein. Ich bin Liebe.

Wie aus einer Quelle sprudelt es weiter aus mir heraus, beim Verneigen, beim Gehen, auf der Treppe, im Gang, beim Essen, auf dem Spaziergang noch: Ich kann … Ich kann … Es ist kein Sprechen, es ist Gebet, Anbetung, ein großes Heilig.

Mein ›Ich bin‹ ist dein ›Ich bin‹ geworden.

Im Einlassen auf dieses Schlüsselwort haben sich mir die folgenden Verse von Angelus Silesius erschlossen:

›Ich sterb und leb auch nicht: Gott selber stirbt in mir.
Und was ich leben soll, lebt er auch für und für.
Gott selber, wenn er dir will leben, muss ersterben;
wie denkst du ohne Tod sein Leben zu ererben?‹[6]«

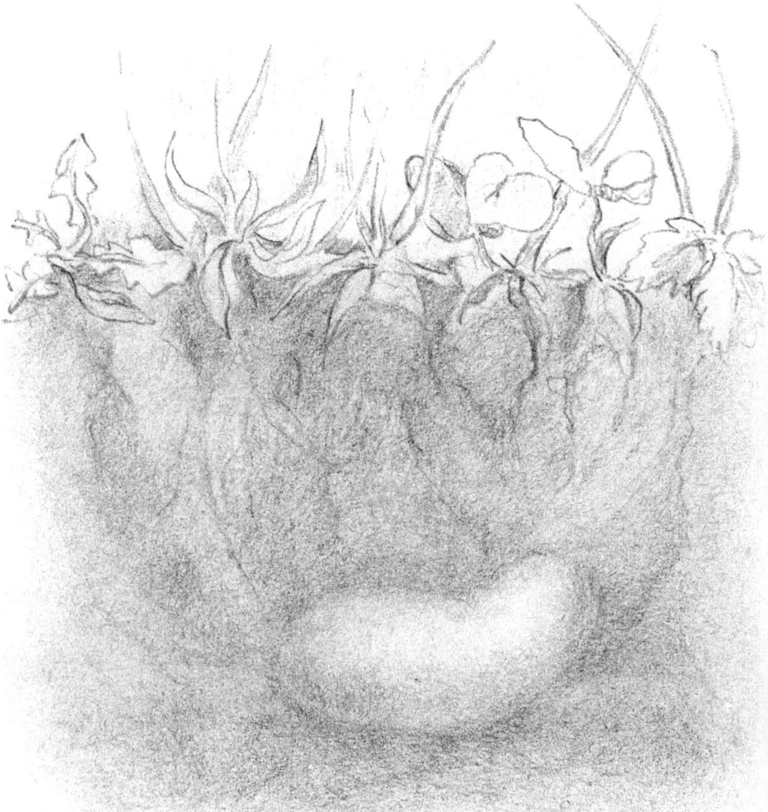

12. Es ist wie mit einem Schatz, der in einem Acker vergraben ist (Mt 13,44)

Von Margrit Wenk-Schlegel

»Abgeben, um zu gewinnen«, so versucht Helmut Bölling sich dem Schatz zu nähern, und er fährt fort: »Wenn wir konsequent als Landwirt des Lebens unsere Aufmerksamkeit vom Äußeren und Ich-haften weglenken – manche nennen es, »das Ego überwinden« –, dann verlassen wir die sich in Teilungen verlierende Oberfläche, gelangen in die Tiefe und öffnen uns mehr und mehr der dortigen fruchtbaren Fülle. So können wir ihm eines Tages näher kommen: Dem Schatz im Acker.«

Um Erdennähe geht es auch in der folgenden Geschichte:

Eine alte »Sabia« (Weise) kommt in ein abgelegenes Dorf in den Anden. Der Ruf für ihre große Weisheit eilt ihr voraus. Die Dorfbewohner erwarten sie am Eingang des Dorfes mit der Frage, was sie denn gegen ihre bittere Armut tun könnten.

»Wisst ihr denn nicht, dass in eurem Gemeinschaftsacker ein wertvoller Schatz verborgen liegt?«, fragt die Alte. Die Dorfbewohner staunen und beginnen am nächsten frühen Morgen gemeinsam den Acker umzugraben. Jung und Alt, alle arbeiten mit, jeder und jede nach ihren Fähigkeiten.

Am Mittag ruhen sie sich beim gemeinsamen Mahl unter den Bäumen aus – der Schatz hat sich noch nicht gezeigt. Sie arbeiten weiter, auch am Abend ist vom Schatz noch keine Spur. Auch die nächsten Tage graben sie mit allen Kräften. Die Hoffnung aber sinkt täglich, dass sie je einen Schatz zutage fördern werden. Und wirklich, als das ganze große Feld umgegraben ist und sie am Ende des Ackers angekommen sind, hat niemand einen Schatz gesehen. Enttäuscht kehren sie zu ihren Häusern zurück – da sind wir ja einer alten »Tonta« (Dummen) auf den Leim gekrochen.

Im Frühjahr säen sie wie üblich. Und im Sommer staunen sie. Ihr Acker gedeiht prächtig, noch nie hat er so viel Frucht gebracht. Sie ernten mit Freude und großer Dankbarkeit und haben mehr als genug für alle.

Wenn wir in der Kontemplation viele Stunden am Tag sitzen, unsere Kräfte einsammeln, so geht es uns wie diesen Dorfbewohnern. Alle Kräfte sind beteiligt, wie Johannes Tauler sagt, die niedrigsten wie die höchsten.[1] Unser innerer Acker wird umgegraben durch die Übung der Einkehr in der Achtsamkeit auf den Atem.

Manchmal spüren wir nichts von einem Schatz, der da versteckt sein soll in uns. Hie und da ist es nur Mühsal, den Weg des Erwachens zu gehen, weil sich scheinbar nichts tut. Und doch, Wandlung geschieht im Sitzen, im Verzicht auf sinnliche Reize, oft im schlichten Aushalten. Die Veränderung, die sich in der Schweigemeditation vollzieht, wird manchmal erst im Alltag spürbar. Menschen werden durch den Weg nach innen kreativer, authentischer, liebevoller, geduldiger, klarer, offener, verständnisvoller, mutiger … Solche Qualitäten sind Früchte des passiven Umgrabens des Ackers, der wir sind. »An ihren Früchten werdet ihr sie erkennen« (Mt 7,20). Ja, Alltag ist der Weg. Denn sollte die Übung und die Erfahrung keine Auswirkung haben im konkreten Leben – wozu dann der Weg?

Was aber ist dieser Schatz im Acker?

Unsere ältere, allein lebende Nachbarin hatte große Sorgen um ihren Sohn, der den Drogen und dem Alkohol verfallen war und kaum Kontakt mit seiner Mutter pflegte. Sie schrieb ihm folgendes Gedicht:

Das Unzerstörbare

Unzerstörbar wohnt in deinem Innern,
was als Wesen einmal möcht erstehn.
Der Entfaltung, der Vollendung harrend,
ist's in dir zu leben ausersehn.
Unzerstörbar ist dein Tiefstes, Bestes,
welches jeden Schaden übersteht
und von allem Anbeginn bis heute ist und
bleibt und nicht zugrunde geht.
Wär es auch bedeckt mit Schutt und Asche,
mit Verzweiflung oder Leidenschaft,
tief im Innern lebt es unzerstörbar als geheime,
wundersame Kraft.«

Clara Naef

Welche Kraft diese Botschaft und dieser Erfahrungsbericht ausstrahlt! Die äußeren Gegebenheiten blieben sich gleich, und doch musste sie als Mutter nicht verzweifeln. Was auch immer geschieht, diese Kraft ist da, unzerstörbar.

Heinrich Seuse, ein christlicher Mystiker, beschreibt diese geheime, wundersame Kraft mit folgenden Worten: »Ein gelassener Mensch, der sich der Wahrheit verbunden hat, wird die Gegenwart des ganzen göttlichen Seins in sich wahrnehmen.«[2]

In verschiedenen Religionen finden sich Weisheitstexte, welche die Wahrheit umschreiben, dass durch die Erfahrung der EINEN Wirklichkeit nichts Neues dazukommt, sondern dass der Mensch erfährt, was in ihm angelegt ist.

Angelus Silesius drückt es so aus:

»Wie töricht tut der Mensch, der aus der Pfütze trinkt,
und die Fontäne lässt, die ihm im Haus entspringt.«[3]

Den Weg der Kontemplation zu gehen, bedeutet, sich abzuwenden von der Pfütze und alle übernommenen Vorstellungen und Bilder loszulassen. Denn sie sind abgestandenes Wasser. Diese radikale Offenheit bringt oft ein Zusammenbrechen von übernommenen Glaubenssicherheiten und damit ein Nichtwissen mit sich. In solchen Phasen kann der herausfordernde Weg schmerzhaft werden und ist doch gleichzeitig ein Heimweg in die Quelle in uns. Im Lied auf Zazen von Hakuin Zenji heißt es in der letzten Strophe: »Nirvana vor unseren Augen. Das Lotus-Land an diesem Ort. Dieser Leib das Leben des Buddha.«[4]

Erfahrungsbericht einer Schülerin

Tagebuchnotizen 1997: »Kontemplationswoche in Matran. Wenn unsere Lehrerin ›christlich‹ redet, wehrt sich alles in mir. Warum weiß sie so genau, dass es Gott gibt? Bei mir ist aller Glaube zusammengefallen. Nur schmerzhafte Leere und Verlorenheit.

Wir haben die Möglichkeit, vor der Monstranz stille Anbetung zu halten. Ich gehe hin – keine Empfindung. Ich atme aus, atme alle meine Vorstellungen aus, berührt zu sein. Ich atme aus, atme die Vorstellung aus, dass es Gott gibt.

Schmerz, unendlicher Schmerz. Leere ohne Sehnsucht.

Nächste Meditationseinheit. Dumpfheit. Plötzlich verbindet sich mit meinem Atem ›Christus – Buddha‹. Ich wehre mich nicht. Mein Herz wird heiß. Es verbrennt noch übrig gebliebene Vorstellungen. Ich werde ruhig, erstaunt.

Mein Herz glüht. Nicht vor Sehnsucht, nicht vor Schmerz, es glüht einfach, weil es glüht. Nur Glühen und Leere. In diesem leeren Herzraum durchfährt mich plötzlich die Gewissheit: ›Ich bin Christus, ich bin Buddha!‹ Tränen der Erlösung. Sofort weise ich mich heftig zurecht. Was für eine Anmaßung, so etwas auch nur zu denken! Und doch, wenn ich das jetzt aufschreibe, jubelt es tief in mir.

Tief und versteckt, ganz im Geheimen weiß ich, dass diese Erfahrung wahr ist.«

Der Weg nach innen in der Schweigemeditation gleicht einem Durchackern, oder vielleicht treffender gesagt, einem Zulassen, beackert zu werden. Der Weg führt durch alle Persönlichkeitsschichten, Scheinsicherheiten und Vorstellungen hindurch in das Wesen aller Dinge und das heißt in den wahren Schatz.

Dazu eine Geschichte aus der jüdischen Tradition.

Rabbi Eisik, Sohn des Rabbi Jekels, der in Krakau lebte, träumte, er solle nach Prag wandern. Denn dort, unter der Karlsbrücke, die zum Schloss führt, sei ein Schatz zu finden. Der Traum wiederholte sich dreimal, und so machte sich Rabbi Eisik auf und wanderte von Krakau nach Prag.

Angekommen in Prag an der Brücke sah er, dass viele Wachposten den Übergang zum Schloss Tag und Nacht bewachten. Rabbi Eisik wagte nicht, unter den Augen der Wachen mit dem Graben zu beginnen. Tag um Tag pilgerte er zur Bücke, lungerte dort herum und überlegte, wie er wohl an diesen Schatz kommen könnte.

Dem Hauptmann der Wache fiel das auf, und er fragte ihn eines Tages: »Warum kommst du jeden Tag hierher und verbringst den ganzen Tag hier, ohne etwas zu tun?« Da erzählte Rabbi Eisik dem Hauptmann von seinem Traum. Der Hauptmann krümmte sich vor Lachen und erwiderte: »Was für eine dumme Idee, die Träume so ernst zu nehmen! Da kommst du aus Krakau mit deinen zerfallenen Schuhen wegen eines Traumes. Wenn ich den Träumen glauben würde, dann müsste ich zu einem armen Juden nach Krakau wandern. Eisik, Sohn Jekels soll er heißen. Und das in Krakau, wo jeder Zweite Jekel oder Eisik heißt. Wie sollte ich den finden und wie sollte ich dann erst an den Schatz kommen, der unter dem Ofen in seiner Stube vergraben liegt?«

Rabbi Eisik lächelte, verneigte sich, bedankte sich höflich beim Hauptmann und wanderte zurück nach Krakau. Dort angekommen, grub er den Schatz unter seinem Ofen aus und baute daraus ein Gebetshaus. Später, als Rabbi Eisik ein berühmter Weiser geworden war, pflegte er zu sagen: »Merke dir meine Erfahrung. Grabe nicht in der Ferne, grabe bei dir.«

Auch der Weg des Zen ermuntert, bei sich selber zu graben und den Schatz im eigenen Haus zu entdecken. Dazu schreibt Stephan Schumacher in seinem Buch ZEN:

»Es wird ja auch durch die Verwirklichung des Schatzes des Auges des Wahren Dharma nicht etwas wirklich gemacht, was vorher unwirklich gewesen wäre, und doch wird er erst durch das eigene Erwachen für einen jeden von uns wirklich. Das wird oft mit dem Gleichnis eines Schatzes erläutert, der unentdeckt im Keller unseres eigenen Hauses vergraben liegt. Solange wir diesen Schatz nicht finden und heben, können wir in diesem Haus in bitterer Armut leben, obwohl der Schatz uns doch schon längst gehört. Wirklich wird der Schatz für uns erst, wenn wir ihn aufdecken und gebrauchen können. Der Spaten für das Ausgraben des Schatzes ist eben das, was der Buddha unter dem Boddhibaum tat: das Sitzen in Versunkenheit.«[5]

Dieser Schatz in uns ist nichts Geringeres als die Quelle allen Lebens, die wir Gott, Buddha-Natur, Leere, Nichts, Brahman oder noch anders nennen und von dem wir nie getrennt sein können, auch wenn wir uns noch so isoliert erfahren. Nur haben die meisten Menschen ihr wahres Wesen vergessen, und deshalb braucht es den Erfahrungsweg. Es braucht den Weg in das, was schon ist. Es braucht die Erinnerung, diese Ausrichtung nach innen.

Den Schatz im Acker entdecken, heißt, einzutauchen in die Erfahrung der Einheit allen Lebens, in die leere Weite, ins Namenlose, in die Leere-Liebe, in das, was wir zutiefst sind und das uns doch übersteigt. Im Erwachen wird erfahren: Schatz und Acker sind eins geworden, das kleine ICH BIN ist eins mit dem großen ICH BIN. Du bist der Schatz und der Acker zugleich. »Zeige das!«, werden die Schülerinnen und Schüler aufgefordert.

»Gott kommt nicht erst in den Menschen hinein: Er ist wesenhaft darin«[6]

In der Umsetzung dieser Erfahrung geht es darum, diesen Schatz immer sichtbarer und erfahrbarer zu machen im ganz gewöhnlichen Leben, immer bewusster und selbstverständlicher dieser Schatz zu sein. Ein lebenslanger Weg, von dem niemand sagen kann, ganz zur Verwirklichung gekommen zu sein.

Johannes Kopp, katholischer Priester und Zen-Lehrer, Dharma-Bruder der Gründungseltern von *via integralis*, Pia Gyger und Niklaus Brantschen: »Da gibt es ein Koan: ›Eine Kuh geht durch ein vergittertes Fenster. Hörner, Kopf und die vier Beine sind schon durch. Warum kann ihr Schwanz nicht auch noch durchkommen?‹ Das Schwänzchen Ich-Bewusstsein bleibt. Deshalb kann keine und keiner sagen: Ich bin da vollkommen durch. Wenn jemand das nicht sieht, ist das sein bzw. ihr blinder Fleck, eine Zen-Krankheit. Vielleicht die schlimmste. Das Bewusstsein, dass das noch nicht Erreichte unendlich größer ist als das Erreichte, ist eine dem Weg entsprechende und notwendige Weise von Dualität. Deswegen kann ich auch beten. Ich kann das unendlich Größere in mir bitten, dass ich es immer klarer erkenne und so immer mehr auf den Weg komme. Meine christlichen Schüler sagen zu dieser unendlichen und nie ganz zu erreichenden Wirklichkeit ›DU‹.«[7]

Erfahren, dass ich dieser Schatz bin, ist die Hälfte des Weges. Die Verwirklichung dieser Erfahrung ist eine lebenslange Herausforderung, die heißen könnte: meinen ganz persönlichen, einzigartigen Ausdruck finden für diese alles umfassende, alles erfüllende Gegenwart. Die göttliche Liebe Mensch sein und immer neu Mensch werden lassen in meinem Leben. Es braucht den Weg des Suchens und Grabens, um zu entdecken, dass ich dieser Schatz bin und ihm überall begegne. Diese Erfahrung und dieses Wissen sind zentral. Gleichzeitig braucht es das Bewusstsein, dass ich auch der Acker bin und dass die Persönlichkeitsarbeit das Bewusstwerden meiner Schwachstellen und Schattenseiten nie aufhört, sondern dass dies eine Lebensaufgabe bleibt.

13. Es gibt nichts Verborgenes, das nicht offenbar würde, und nichts Geheimes, das nicht an den Tag kommt (Mk 4,22)

Von Margrit Wenk-Schlegel

Spiritualität ist progressives Erwachen zur inneren Wirklichkeit unseres Daseins, zum Geist, zum Selbst und zur Seele ... Sie offenbart sich als eine innere Sehnsucht, die größere Wirklichkeiten über uns, die gleichzeitig im Universum und in uns ist, zu kennen, mit ihr in Berührung zu kommen, eins mit ihr zu werden und – als Ergebnis dieser Sehnsucht eine Geburt des neuen Seins zu erfahren.[1]

Um diesen Prozess, wie ihn Sri Aurobindo beschreibt, geht es auch in diesem Schlüsselwort. Es beinhaltet auf der einen Seite den Reinigungsweg, andererseits die Erleuchtungserfahrung und führt weiter in die Umsetzung in den Alltag.

Der Weg der Kontemplation ist ein intensiver und herausfordernder Prozess. Wer sich ehrlich und mit allen Kräften einlässt, begegnet sich selbst schonungslos und gleichzeitig befreiend durch alle Schichten der Persönlichkeit hindurch in das EINE, Verborgene, Alles-Durchwirkende, ins Geheimnis allen Lebens.

Im intensiven Sich-Einlassen auf die Stille vollzieht sich in uns ein dreifacher Weg, wie er bereits im 4. Kapitel beschrieben wurde:

- die *via purgativa*, der Reinigungsweg,
- die *via illuminativa*, der Erleuchtungsweg,
- die *via unitiva*, die Umsetzung in den Alltag.

Via purgativa

Ein Suchender kam zu einer Weisen. »Ich spüre, du hast etwas, was ich nicht habe«, beginnt er das Gespräch und beschreibt seine Sehnsucht nach dem, was er hinter all den Erscheinungen erahnt und zu dem er doch keinen Zugang findet. Die Weise gibt ihm einen völlig verschmutzten Korb mit dem Hinweis: »Hol Wasser.« Der Suchende geht zum Brunnen und schöpft, kehrt zurück, ohne das Wasser im Korb behalten zu können. Und wird wieder geschickt: »Hol Wasser.« Viele Male geht er zum Brunnen, schöpft und kehrt mit leerem Korb zurück. Endlich reißt ihm der Geduldsfaden und verzweifelt fragt er, was das Ganze soll, da er mit dem Korb doch kein Wasser fassen kann. »Schau den Korb an«, fordert ihn die Weise auf. Und er stellt fest, dass der Korb sauber geworden ist. »Wenn du das Geheimnis des Lebens erfahren willst, musst du alles lassen, was du nicht wirklich bist.«

Diese Geschichte ist ein Bild des Prozesses, der sich durch die regelmäßige Meditation vollzieht. Die kontinuierliche und konsequente Sammlung im Atem in der Kontemplation bewirkt *Joriki*, die Meditationskraft. Diese dynamische Kraft öffnet oft unmerklich die innerseelischen Räume, mit denen das Alltagsbewusstsein nicht in Kontakt war. Verdrängtes, unter den Scheffel Gestelltes (vgl. Mt 5,15), Helles und Dunkles kann sich plötzlich zeigen. Schutzmechanismen, die wir in unserem Leben aufgebaut hatten, werden bewusst, und wir erkennen, dass sie wohl zum Schutz gedient haben, aber dass durch sie auch heute Wünschenswertes verunmöglicht wird. Alte Verletzungen können ans Licht kommen und heftige Emotionen können dieses Auftauchen begleiten. So kann während der Meditation eine vergessene, in der Vergangenheit erlebte Situation plötzlich auftauchen, oft begleitet von Gefühlen. Wut, Trauer, Hass, Dankbarkeit, tiefe Berührung, Ohnmacht, Freude, Lebendigkeit, Ärger, Schuldbewusstsein, Reue usw. können in großer Intensität auftauchen.

Die psychischen und nicht selten physisch gewordenen Schutzschichten waren eine gewisse Zeit hilfreich zur Gestaltung des Lebens. Aber sie gehören zu den Bärenhäuten, wie sie Johannes Tauler nennt, denen Meditierende auf dem Weg nach innen begegnen: »Woher kommt das, dass der Mensch auf keine Weise in seinen Grund gelangen kann? Das ist daran schuld: Da ist so manche dicke, schreckliche Haut darübergezogen, ganz so dick wie Ochsenstirnen, und die haben ihm sein Inneres so verdeckt, dass weder Gott noch er selber da hinein kann. Es ist zugewachsen. Manche Menschen können dreißig oder vierzig Häute haben, dicke, grobe, schwarze Häute, wie Bärenhäute.«[2]

In einem Teil wage ich es, Johannes Tauler zu widersprechen. Er beschreibt die Häute, die uns unser Inneres so verdecken, dass weder Gott noch wir selbst hineinkönnen. Meine Überzeugung und Erfahrung ist, dass Gott schon vor uns in unserm Grund ist. Das Alltagsbewusstsein hat meist den Zugang zu diesem »Geheimen« nicht, aber Gott erwartet uns in unserem Innersten.

Trotz dieser inneren Gewissheit führt der Weg des Erwachens durch Phasen der Dunkelheit und Trockenheit hindurch. Nachfolgend eine Tagebuchnotiz aus einer solchen Wüstenerfahrung:

»Aushalten
Meine Kraftlosigkeit aushalten.
Weitergehen im Nebel.
Unauffindbar das Ziel.
Nur das leise Sehnen der Seele ahnt die Spur.
Schleppende Schritte des Nichtwissens.
Aushalten.
Mich führen lassen ohne Führung zu spüren
in der Wüste des Nebels.
Grau und einsam die Schritte.
Meine Dunkelheit aushalten.
Die Sehnsucht nach Licht.

Leise.
Mehr Ahnung als Klarheit.
Spinnwebengleich.
Tastendes Suchen des Nichtwissens.
Aushalten.
All meine Trockenheit hinhalten.
Hoffend
Dich in der Öde meines Herzens zu finden.
Hinhalten.
Mich hinhalten zur Wandlung.«

M. W.

Der persische islamische Mystiker Bayasid Bistami (803–875) beschreibt den Reinigungsprozess und Entdeckungsweg so: »Unter meinem Gewand ist nichts als Gott: Ich streifte mein Ich ab wie eine Schlange, die ihre Haut abstreift. Dann sah ich mein Wesen an, und es zeigte sich, dass ich ER war.«[3]

In der Meditation streift sich unser Ich ab wie die Haut einer Schlange, lösen wir uns von Identifikationen mit den äußeren Schichten unserer Persönlichkeit, um immer tiefer in den wirklichen Kontakt mit dem Geheimnis allen Lebens zu kommen. So vollzieht sich der Heimweg zu dem, was wir wirklich sind. Ähnlich wie Bistami beschreibt die deutsche Mystik den Reinigungsprozess als ein Abschälen.

Der Weg nach innen ist also eine intensive Selbstbegegnung mit allen Aspekten der Persönlichkeit, den geliebten und jenen, die uns beschämen oder ängstigen können. Hinzuschauen in die Höhen und Tiefen des Menschseins braucht Mut. Eine klare und empathische Begleitung von einer erfahrenen Person in diesem herausfordernden Prozess ist oft not-wendend und hilfreich, um nicht stecken zu bleiben und das Vertrauen zu verlieren.

Via illuminativa

»Es gibt nichts Verborgenes, das nicht offenbar würde, und nichts Geheimes, das nicht an den Tag kommt« (Mk 4,22). Das Geheime, das dem Tagesbewusstsein Verborgene ist Quelle und Ziel der Sehnsucht. Die Verlockung des Geheimen könnte heißen: »Geh heim, geh heim in das, was du im Tiefsten schon bist.« In die Erfahrung des wahren Wesens führt die *via illuminativa*, der Weg des Erwachens.

Jack Kornfield beschreibt diesen Prozess mit folgenden Worten: »Meditation ist nichts anderes, als dass wir die Verbindung mit unserem wahren Wesen aufnehmen und inmitten des täglichen Lebens ein großes Gefühl von Ruhe und Frieden und einen weiten Raum in unserem Herzen entdecken; dass wir zulassen, transparent für das Licht zu werden, das immer scheint. ›Es ist nicht weit weg‹, sagt ein Zen-Meister, ›es ist näher als nah.‹ Es geht nicht darum, etwas zu verändern, sondern darum, nicht mehr nach etwas zu greifen; und es geht um das Öffnen unserer Augen und unserer Herzen.«[4]

Die Erfahrung des wahren Wesens wird oft in stammelnden und doch kraftvollen Worten beschrieben. Das einengende, egozentrische Ich verschwindet im Erwachen und es erfüllt sich das, worum im Text der »Ausrichtung der Kräfte« der *via integralis* gebetet wird: »Göttlicher Urgrund, lass mich erfahren, dass dein ICH-BIN mein ICH-BIN ist.«[5]

Der andalusische Sufi-Meister Ibn al-Arabi (1165–1240) beschrieb seine Erleuchtung so: »Wenn du dich selber erkennst, löst sich dein Ich-Sein auf, und du erkennst, dass du und Gott ein und dasselbe sind.«[6]

Das Ich löst sich in der grenzenlosen Weite des Geistes auf, erfährt sich als eins mit der Quelle allen Lebens. Um diese Erfahrung der Leere überhaupt wahrnehmen zu können, bleibt ein kleines Quäntchen Ich-Bewusstsein, das in reinem Gewahrsein das Erfahrene wahrnimmt. Das Erfahrene, die/der Erfahrende und die Erfahrung sind absolut eins. Objekt und Subjekt sind zusammengefallen und aufgelöst im form-, zeit- und gestaltlosen Ewigen. Worte verhüllen oft mehr, als sie aussagen können, und trotzdem ist es für die Integration der Erfahrung wichtig, sie ins Wort zu bringen. So ist auch folgender Text entstanden, der sich als stammelnder Versuch erwies, Unsagbares in Worte zu fassen:

»Du Vater, mütterlicher Schoß von allem,
du namenlose Quelle, tiefster Abgrund,
der uns stammeln lässt – und dann verstummen.
Wenn du uns heimziehst, wir in dir versinken,
verlöscht das Du und Ich,
entsinkt der Mensch in lautrem Nichts,
entschwindet ganz in Leerheit ohne Namen.
Kein Wort kann je beschreiben,
was dem Menschen da geschieht,
der eintaucht in den Urgrund allen Lebens!
Entwerd dir selbst, o Mensch
geh du in deinen eignen Grund,
und tiefster Urgrund zieht dich ganz hinein
und lässt entschwinden dich, versinken und verschmelzen
und – taumelnd, liebend auferstehn in Trunkenheit, in Glück,
das keine Worte findet.

Urquelle, namenloser Grund,
die ohne Du und jedes Du doch bist,
die sich gebiert in tausendfacher Art.
Du lebst, entfaltest dich in jedem Wesen
und stirbst die Millionen Tode – doch bleibst du unverändert da.
Ach, könnte ich dich je erfassen, Geheimnis, unergründlich tief!
Erkenne ich mich selbst im Grunde,
erkennst du dich, die mich beim Namen rief.«

M. W.

Via unitiva

Das Erleben der Unendlichkeit und grenzenlosen Weite ist kein Ort, um uns niederzulassen. Die Erfahrung kann nicht angehalten und verewigt werden. Sie muss umgesetzt werden, drängt in die Entfaltung unserer Einzigartigkeit. Wenn wir erleben, dass sich der Urgrund in uns selbst zeigt, dann erkennen wir ihn unweigerlich in allem. Verbunden, ja eins mit allem, ist jede Äußerung des Urgrundes einzigartig – auch du. Das stellt uns mit beiden Beinen auf den Boden. Alles wird als konkreter Ausdruck der »höchsten Wahrheit« erfahren. Das Aufstehen am Morgen ist Ausdruck des »Verborgenen«, die konkrete Geste im Moment, das Lachen oder Weinen, das Essen und Aufräumen, die Müdigkeit am Abend, der Schlaf, alles ist das »Geheime«, alles durchdringende EINE. Im buddhistischen Herz-Sutra, dem Herzen des Zen-Weges heißt es: »Form ist nichts anderes als Leere. Leere nichts anderes als Form. Form ist wirklich Leere, Leere ist wirklich Form.«[7]

Die Illusion der Trennung hat sich im Erwachen aufgelöst. Wenn man die Welt der Nicht-Dualität aufgrund seiner Erfahrung erblickt hat, weiß man sich eins mit allem, ist in dieses Reich des »Nicht-Zwei und auch nicht … Nicht-Eins«[8] eingetreten.

Mit Ignatius von Loyola können wir dann Gott suchen und finden in allen Dingen. Die Erfahrung von vielen Menschen zeigt: Wer Gott umarmt, findet in seinen Armen die Welt. Spiritualität und Alltag sind eins geworden, und die Liebe zum Leben will sich ganz konkret äußern. Dann verstehen wir aus dem Herzen, was Jesus Christus gemeint hat mit seiner Aussage: »Wahrhaftig, ich sage euch, alles, was ihr für eines meiner geringsten Geschwister getan habt, das habt ihr für mich getan« (Mk 25,40 nach der Bibel in gerechter Sprache).

Wie könnte diese Aussage konkretisiert werden für die heutige Zeit? Vielleicht könnte Christus so zu uns sprechen: »Ihr habt mich erkannt, als ich auf der Straße für Gerechtigkeit und Frieden protestierte. Hast du dich gesehen in der blühenden Rose und im

Verbrecher im Gefängnis? Ihr habt Protestschreiben verfasst oder unterschrieben und habt euch für gerechte Wirtschaftsstrukturen eingesetzt, weil ihr mich in den Ausgebeuteten und Hungernden erkannt habt. Habt ihr euch gefunden in der Schönheit und Liebe und im aufmüpfigen Jugendlichen? War mein Leiden für euch erkennbar in den Schreien der Tiere in den Schlachthöfen? Habt ihr mich erkannt in der Schönheit der Natur und in den schmelzenden Gletschern und brennenden Wäldern? Ich war auf einem Schlauchboot im Mittelmeer, und ihr habt …«

Je tiefer die Erfahrung der Einheit allen Lebens ist, umso drängender und existenzieller wird der Wunsch, dass alle Wesen glücklich und in Frieden leben können, die unangenehmen Zeitgenossen oder unzufriedenen Nachbarinnen eingeschlossen.

Pia Gyger hat uns in der Zen-Schulung immer wieder ermuntert, die Menschheit als Koan im Herzen zu tragen. Aus den Erfahrungen mit diesem Schlüsselwort könnte eine Lebenshaltung entstehen, die unser ganzes Leben prägt und uns immer neu aufweckt: »Ich trage die Erde und damit die ganze Menschheit in meinem Herzen, mit aller Schönheit, mit den brennenden Wäldern, den schmelzenden Gletschern und die Menschen mit ihren Fragen, wunderbaren Qualitäten und allem Leiden. Mit meiner Liebe und meinem Mitgefühl trage ich zur Heilung der Wunden bei.«

Wie sieht die Umsetzung dieses Schlüsselwortes aus bei mir, bei dir, bei uns heute?

14. Im Anfang war das Wort (Joh 1,1)

»Im Anfang war das Wort und das Wort war bei Gott und das Wort war Gott. Alles ist durch das Wort geworden und ohne das Wort wurde nichts, was geworden ist. Und das Wort ist Fleisch geworden, und hat unter uns gewohnt« (Joh 1,1.3.14) – Das sind Worte aus dem Prolog des Johannesevangeliums, ein hymnisch geschriebener Text, der das ganze Evangelium in wenigen Worten zusammenfasst und das Schicksal des Jesus von Nazareth deutet. Denn das Wort, von dem der Evangelist spricht, personifiziert sich in Jesus Christus. Gestaltlose und gestalthafte Wirklichkeit sind in Jesus zu ihrer Manifestation gekommen. In ihm sind alle großen Risse überwunden und, wie der Autor des Kolosserbriefes sagt, alle kosmischen Gegensätze versöhnt (Kol 1,19–20). Durch dieses menschgewordene Wort können wir den schweigenden Urgrund des Kosmos als Mutter und Vater, als liebendes und geliebtes Du ansprechen.

»Im Anfang war das Wort und das Wort war bei Gott und das Wort war Gott.« Von dieser trinitarischen Gemeinschaft sagt Augustinus: »In der heiligsten Dreifaltigkeit ist eine Person so viel wie drei zusammen, zwei sind nicht mehr als eine. Sie sind alle in ihrem Sein unendlich. So ist jede in jeder und alle in jeder, ist jeder in allen, sind alle in allen und alle sind eins.«[1] Ein Meister der Sprache, der fähig ist, die Durchdringung der drei Personen in solcher Sprachmelodie auszudrücken. Sie sind nicht statisch einander zugeordnet, sondern eins in liebender Kommunikation, unendlich schöpferisch, den Sohn (die Tochter und die ganze Schöpfung) gebärend ohn' Unterlass, wie Meister Eckehart sagt.[2] Ein durch und durch nichtduales Geschehen, nicht mental begreifbar, paradox eben, aber erfahrbar als Leere, Einheit und Beziehung. Von Christen wird es als trinita-

risches Geheimnis und als Geheimnis der Menschwerdung gelehrt und geglaubt.

»Alles ist durch das Wort geworden.« Es ist ein schöpferisches Wort, das Leben schafft und das Licht der Menschen hervorbringt. Göttliches Sein und göttliches Tun sind in Jesus eins geworden. Was immer entsteht, ist Leben durch ihn, ein Prozess, der vor aller Schöpfung beginnt und sich, mit dem Urknall beginnend, bis heute in jeder neuen Gestalt ereignet. Es ist ein Schaffen von innen her, die Kraft, die alles beseelt. Johannes konkretisiert es in dem Satz: »In ihm war das Leben, und das Leben war das Licht der Menschen« (Joh 1,4). Für uns ist also mit der Manifestation Jesu ein Ort gegeben, an dem wir unsere eigene Existenz verorten können, »um das Leben zu haben« (Joh 5,40). In Jesus Christus sind auch wir dieses Wort, sind eins mit ihm. Und gleichzeitig sind wir in Beziehung mit ihm und erfahren »Gnade über Gnade« (Joh 1,16).

»Und das Wort ist Fleisch geworden und hat unter uns gewohnt.« Es ist das ureigenste und spezifische Geschehen des Christentums, in dem sich das unbedingte Ja Gottes zu uns verbirgt, das von der Gestalt Jesu in unser eigenes Leben hineinweist, verbunden mit der Frage: Wie kann es uns gelingen, Gottes fleischgewordenes Wort in uns Wurzeln schlagen zu lassen, damit unsere Worte Licht bringen in die Welt und Frieden, damit unsere Worte schöpferisch etwas in Gang setzen, Gutes bewirken?

Simone Weil macht darauf aufmerksam, dass nicht nur die Stille uns zur Erleuchtung führen kann, sondern dass es Worte gibt, die so energiegeladen sind, dass sie uns Großes bewirken können: »Es gibt bestimmte Wörter, die in sich die Kraft haben zu erleuchten und zum Guten zu erheben. Das sind jene Wörter, denen eine absolute und für uns unbegreifliche Vollkommenheit entspricht. Die Kraft der Erleuchtung und des Zugs zum Hohen sitzt in diesen Wörtern selbst. (…) Das, was sie ausdrücken, ist unvorstellbar. (…) ›Gott‹ und ›Wahrheit‹ sind solche Wörter. Auch ›Gerechtigkeit‹, ›Liebe‹, ›das Gute‹. [61]«[3]

Wort und Schweigen

Jörg Zink formuliert das göttliche Paradoxon, indem er sagt: »Gott ist das unendliche Schweigen, die unendliche Stille. Aber in Christus hat Gott gesprochen.«[4] So ist Gottes Wesen: Er ist ein schweigender und ein sprechender Gott. In ihm fallen alle Gegensätze zusammen. Klaus Hemmerle, der verstorbene Bischof von Aachen, vertieft dieses Thema ebenfalls und drückt treffend aus: »Die ständige Spannung zwischen Wort und Schweigen ist und bleibt die Spannung des Christentums.«[5] Von dem ist zu hoffen, dass wir alle diese Spannung erfahren können, insbesondere als kreatives Geschehen in unserem spirituellen Leben. Beides ist uns Geschenk und Auftrag. In dem einen suchen wir die Spur zu dem, was die Welt im Innersten zusammenhält. Im Zweiten versuchen wir – manchmal stammelnd – mitzuteilen, was wir erfahren haben, immer im Bewusstsein, dass das Letzte nur begrenzt sagbar ist und immer mehr ist, als unsere Worte es zu sagen vermögen.

Die christliche Mystik verbindet beides: Schweigen und Wort. Das Wort braucht unser Schweigen. Es taucht aus der Leere auf und manifestiert sich in *dieser* Form des Wortes. Wenn wir sprechen, dann können wir achtsam darauf sein, ob das Schweigen, die Stille hinter dem Wort aufleuchtet. Worte, denen die Stille fehlt, werden leer und oberflächlich, während der Gehalt jener Worte, je näher sie aus der mystischen Dimension in uns gesprochen, kraftvoller, schöpferischer und wahrer sind. Auf der tiefsten Ebene gehören Wort und Schweigen zusammen. Die innerliche Beziehung von Wort und Schweigen ist das, was uns ohne Widerspruch über das Schweigen reden lässt, so wie Friedrich Nietzsche rät: »Wer viel einst zu verkünden hat, schweigt viel in sich hinein. Wer einst den Blitz zu zünden hat, muss lange Wolke sein.«[6]

Wenn wir Zen bzw. Kontemplation praktizieren, dann üben wir Stille und Schweigen ein. Die Stille ist unermesslicher weiter Raum. Sie ist immer da. Und doch tun sich die meisten Menschen schwer, in diesen Raum einzutreten, ganz bei sich zu sein und zu bleiben. Meister Eckehart macht uns deutlich, dass dieses Schweigen höchste Passivität und zugleich höchste Aktivität ist:

»Wenn der Mensch ein inneres Werk wirken soll,
so muss er alle seine Kräfte einziehen …
und sich vor allen Bildern und Formen verbergen …
Dabei muss er in ein Vergessen und in ein Nichtwissen kommen.
Wo dieses Wort gehört werden soll,
muss es in einer Stille und im Schweigen geschehen.
Man kann diesem Wort mit nichts dienlicher sein
als mit Stille und Schweigen;
da kann man's hören und versteht man's recht: in jenem Unwissen.
Wo man nichts weiß, da weist und offenbart es sich.«[7]

Meister Eckehart spricht hier von einer Stille und von einem Schweigen, die uns in den Zustand des Nichtwissens versetzt. Was ist das für ein »Nichtwissen«? Lorenz Marti sagt dazu: »In der Mystik bleibe ich immer Anfänger. Sie führt mich vom Nichtwissen – zum Nichtwissen. Das eine Nichtwissen steht am Anfang einer Reise, wo ich buchstäblich nichts weiß und mich auf unbekanntes Gebiet einlasse … Im zweiten Nichtwissen ist die Erfahrung des Wissens eingeschlossen. Es macht einen großen Unterschied, ob ich nichts weiß, weil ich mich gar nie bemüht habe, oder ob ich nichts weiß, nachdem ich Wissen gewonnen und wieder verloren habe. Das erste Nichtwissen ist unbedarft, das zweite ein Tor zum Geheimnis.«[8]

So ausgerichtet, kann ich immer neu anfangen. Ich bin offen und wach für die Unmittelbarkeit des Lebens und spüre die Lebendigkeit des Gegenwärtigen.

Der Anfang als Ursprung

Wenn Johannes sagt, das Wort sei »im Anfang« gewesen, so ist darin zu hören, dass dieses Wort früher war als alle Schöpfung, vor aller Schöpfung und in gewissem Sinne auch dass es niemals »war«, sondern immer ist, so wie Jesus in Joh 8 sagt: »Ehe Abraham ward, bin ich.«

Wer von Gott »im Anfang« spricht, ist herausgefordert, sein lineares Denken loszulassen, in dem etwas vorher bzw. nachher ist. Es braucht vielmehr einen ganz anderen »Anfang«. Der Anfang ist zu verstehen im Sinne von Ursprung, der raum- und zeitlos ist, eine Dimension ohne Bewegung, die aber Sein, Gestalt, Beziehung und Dynamik hervorbringt. Raimon Panikkar spricht vom Ursprung, der dem Anfang vorangeht.[9] Sinngemäß könnte »Anfang« dann meinen: grundlegend für alle Existenz.

Panikkar macht deutlich, dass das göttliche Wort nicht der »Anfang« ist, nicht der Ursprung. Der *logos* ist bereits Sein – ausgeflossen aus dem Urgrund –, durch das alles geworden ist (Joh 1,3), Sein, das alles, was ist, ins Dasein ruft. Die Quelle des Seins ist das Schweigen, der Quelle »vor« der Geburt des Logos. Wort und Schweigen stehen also in dialogischer, in trinitarischer Beziehung. Sie schließen sich gegenseitig ein. Das wird in der christlichen Theologie mit *Perichorese* beschrieben – das Ineinandersein der drei Personen. Der amerikanische Franziskaner Richard Rohr nennt das, was immer in Gott geschieht, »ein Durchströmen, ein Ineinanderfließen, eine radikale Verbindung, eine vollkommene Gemeinschaft dreier Wesen – [einen] Kreistanz der Liebe«. Und Gott ist dabei nicht nur der Tänzer, sondern der Tanz selbst.[10] Wir sind also Teil dieser Gemeinschaft, und darum sagt Panikkar: »Nur eine trinitarische oder a-dualistische Erfahrung kann das einsehen.«

Diese Erfahrung kann nur im Heiligen Geist geschehen, d. h. im trinitarischen Beziehungsreichtum des Ineinanderseins – denn jenes »vor« der Geburt des Logos ist gewiss nicht zeitlich zu verstehen. Es ist ein unmittelbares Gewahrsein des Alls im Konkreten – z. B. in einem geliebten Menschen, in einer Blume, einem Stein, einem Ton, einem Geschmack. In der unmittelbaren Berührung ist der Mensch vom Ganzen umfangen und ist zugleich das Ganze. In der Unmittelbarkeit der Begegnung wandelt sich die menschliche Erfahrung zur reinen Erfahrung. Die menschlich-dualistische Erfahrung ist nicht mehr. Es ist kein Individuum mehr, das erfährt. Es ist die Erfahrung im Heiligen Geist. Diese Erfahrung lässt uns bezeugen, dass es eine Verbindung gibt zwischen dem Sagbaren und dem Unsagbaren, zwischen dem Gestalteten und dem Gestaltlosen, zwischen dem Wort und dem Schweigen, dem Sein und dem Nichts.[11]

Was Panikkar hier ausdrückt, darauf richtet spannenderweise die gegenwärtige Bewusstseinsforschung ihr Augenmerk. Sie fokussiert das »Dazwischen«, das in der dialogischen Beziehung einer Gruppe wächst, und spricht vom »Höheren Wir« als ein Bewusstseinsfeld, das über eine existierende Gruppe von Menschen hinausreicht in einen größeren, höheren Raum, der sich als ungeteiltes Leben erfahren lässt. In dem Moment, in dem wir unsere Aufmerksamkeit auf dieses Feld richten, wird es uns verfügbar als ein Potenzial, das uns inspirieren kann für neue Einsichten, neue Erfahrungen oder auch neue Fragen. Jede und jeder Einzelne ist dabei ein Gefäß, durch das sich das kreative und intelligente Potenzial ausdrücken kann. In diesem Geschehen wird zwar nicht vom Heiligen Geist gesprochen; es wird aber sehr wohl als spirituelle Praxis beschrieben.[12]

Und das Wort ist Fleisch geworden …

Ein Blick auf die naturwissenschaftliche Sichtweise: Nachdem sich Naturwissenschaften und Religion bis Mitte des letzten Jahrhunderts unversöhnlich gegenübergestanden haben, näherten sie sich über die Erkenntnisse in der Quantenphysik in wunderbarer Weise an. Ich habe keine spezifische naturwissenschaftliche Vorbildung. Aber ich kann mich gut erinnern: Als ich das erste Mal solche Texte las, fühlte ich mich zuinnerst getroffen. In mir wuchs die Gewissheit, dass, was auch immer im Raum des Geistes existiert, Sehnsucht hat, gestalthaft zu werden. »Das Wort ist Fleisch geworden« ist für mich nicht nur eine Glaubensaussage, sondern eine kosmische Gesetzmäßigkeit, die sich immer stärker offenbart.

Max Planck sprach 1944 in Florenz in einem Vortrag zu Naturwissenschaftlern und war sich völlig bewusst, dass er ihnen bahnbrechend Neues verkündete: »Meine Herren, als Physiker, der sein ganzes Leben der nüchternen Wissenschaft, der Erforschung der Materie widmete, bin ich sicher von dem Verdacht frei, für einen Schwarmgeist gehalten zu werden. Und so sage ich nach meinen Erforschungen des Atoms dieses: Es gibt keine Materie an sich! Alle Materie entsteht und besteht nur durch eine Kraft, welche die Elementar- und Atomteilchen in Schwingung versetzt und sie zum winzigsten Sonnensystem des Atoms zusammenhält. Da es aber im ganzen Weltall weder eine intelligente noch eine ewige Kraft an sich gibt, müssen wir hinter dieser Kraft einen bewussten intelligenten Geist annehmen. Dieser Geist ist Urgrund aller Materie. Da es aber Geist an sich allein nicht geben kann, sondern jeder Geist einem Wesen zugehört, müssen wir zwingend den Bestand von Geistwesen annehmen. Das Atom öffnet der Menschheit die Türe in die verlorene und vergessene Welt des Geistes. Da aber auch Geistwesen nicht aus sich selber sein können, sondern geschaffen worden sein müssen, so scheue ich mich nicht, diesen geheimnisvollen Schöpfer ebenso zu benennen, wie ihn alte Kulturvölker der Erde früherer Jahrtausende genannt haben: Gott!«[13]

Diesen mutigen Worten folgten immer neue Zeugnisse von Quantenphysikern, die in ihren Forschungen zum Quantenvakuum geführt wurden. Dieses Vakuum ist alles andere als leer, vielmehr ist es die Fülle aller Möglichkeiten. Es wird beschrieben als ein riesiger Ozean an Energien und grenzenloser Potenziale, eine bodenlose Tiefe, der alle Wesen und das gesamte Universum entstammen. Interessanterweise bezeichnet es Brian Swimme, ein bekannter amerikanischer Kosmologe, als das »Unaussprechliche« und das »Mysteriöse«[14]. Dies sind Eigenschaften, die die Religionen der Ersten Wirklichkeit zuordnen, die tausend verschiedene Namen trägt: Tao, JHWH, Allah, Gott … Nicht die Materie ist also die Basis, sondern das erfüllte Vakuum. Es ist die Ur-Quelle.

Brian Swimme erzählt in seinem Buch *Das Universum ist ein grüner Drache* die Schöpfungsgeschichte neu. Das Universum, als Ganzes betrachtet, zeigt sich als ein sich entfaltendes Lebewesen, eine gewaltige kosmische Epigenese, an der alles, was ist, beteiligt ist: Galaxien, Sterne und Planeten, das Licht und alle lebendigen Geschöpfe. Und gleichzeitig ist die einzelne Gestalt wichtig und bedeutsam für den Entfaltungsprozess. Swimme wählt die Dialogform zwischen Thomas, dem Naturwissenschaftler, und Kim, einem interessierten Jugendlichen:

> »Thomas: Hab Geduld, denn auf dich wartet gewiss eine besondere Aufgabe. Oder hast du geglaubt, dass das Universum 14 Milliarden Jahre Arbeit investiert hätte, um dich zu erschaffen, wenn es nicht einen speziellen Auftrag gäbe, den du – und nur du – erfüllen kannst? Die in dir wohnenden schöpferischen Kräfte werden rechtzeitig für die Aufgabe zum Leben erweckt werden, für die sie geschaffen wurden.
>
> Kim: Was für schöpferische Kräfte?
>
> Thomas: Das können wir nicht sagen, bevor sie sich nicht selbst offenbaren. Nicht einmal du hast es bisher wissen können.
>
> Kim: Aber woher kommen sie dann, wenn nicht mal ich weiß, was es ist?

Thomas: Von dem Ort, von dem her alles kommt. Von demselben Ort, von dem der urzeitliche Feuerball stammt: ein Reich der Leere, eine geheimnisvoll geordnete Wirklichkeit, ein Nichts, das gleichzeitig die erste und letzte Quelle aller Dinge ist.

Kim: Moment mal …

Thomas: Ich weiß schon, wie seltsam das klingt. Aber daran können wir kaum etwas ändern. Ich spreche hier von einem Phänomen, das jüngst erst empirisch festgestellt wurde. In der Sprache der Physik nennen wir es ›Quantenfluktuation‹. Elementarteilchen fluktuieren zwischen Sein und Nicht-Sein. Wirklich eine befremdliche Erkenntnis … Elementarteilchen schnellen ins Sein, dann verschwinden sie wieder. Ein Proton taucht auf einmal auf – woher kommt es? Wer hat es gemacht? Wie hat es sich so plötzlich in die Wirklichkeit geschlichen? Wir sagen, es sei einfach aus dem Nichts herausgesprungen. Erst war da kein Teilchen, dann gab es eins. Ich rede hier nicht davon, wie Masse und Energie ineinander überführt werden können, ich spreche von etwas viel Geheimnisvollerem: Teilchen schäumen aus der absoluten Leere über ins Sein. Das ist einfach die Art und Weise, wie das Universum funktioniert … Ich spreche vom ›Nichts‹ oder von der ›Leere‹. Doch das enthüllt bloß die Begrenztheit der Sprache. Wir nähern uns hier dem Letzten Geheimnis, etwas, das all unsere Versuche vereitelt, es zu untersuchen und zu erforschen. Erst gab es keinen Feuerball, dann brach er hervor. Das Universum brach hervor, alles Sein brach aus dem Nichtsein hervor, alles Lebendige brach hervor in lichtvolles Sein.

Ich möchte, dass du begreifst, dass diese völlige Leere dich durchdringt. Du bestehst mehr aus dieser fruchtbaren Leere als aus geschaffenen Teilchen …

Kim: Was ist unsere letzte Bestimmung?

Thomas: Liebe zu werden – in menschlicher Form … Die Reise aus der Leere erzeugt Liebe …«[15]

Hier nähern sich christliche Mystik und Quantenphysik, und wir dürfen ehrfürchtig und staunend davorstehen, dankbar für unsere Zeit, in der solche Erkenntnisse offenbar werden.

Das Quantenvakuum ist ein Raum der Möglichkeiten, das laufend etwas Unerwartetes hervorbringen kann. Die fortlaufende Schöpfung geschieht ständig als Evolution, als ein prozesshaftes offenes Geschehen, in dem die in der Gegenwart ankommende Zukunft Form annimmt und jeden einzelnen Augenblick in Gegenwärtiges hineinzuwirken beginnt. Alle lebendigen Systeme, alle Lebewesen sind daran als Mitschöpfer beteiligt. Wir selbst sind von Gott ermöglichte Kreativität. Der namenlose, unfassbare Urgrund des Seins, der lebendige Gott, hat der Menschheit durch das WORT die Möglichkeit eröffnet, sich zu entwickeln. Wir können gemeinsam Entwicklung so gestalten, dass Gott dabei in uns geboren wird und wächst. Ein Schüler von mir, Oliver D. bringt es mit folgenden Worten auf den Punkt:

»Donnernd ist die Stille des schaffenden Urgrunds
Alles integrierend, alles verschlingend
Versteckt in endloser Kreativität
Erschafft er den Kosmos – jeden Augenblick neu!«

… und hat unter uns gewohnt

Ein zentrales Thema der deutschen Mystik des 14. Jahrhunderts ist ›die Gottesgeburt in der Seele‹. Es ist der Grund- und Kerngedanke der Mystik von Meister Eckehart, der von seinen Schülern Johannes Tauler und Heinrich Seuse aufgenommen und weiter entfaltet wurde.

Der Johannesprolog darf als die Vorlage für diesen originellen Gedanken Eckeharts angenommen werden.

Die Gottesgeburt ist nach Eckehart ein Bewusstwerdungsprozess, der bis zur Einheit mit der Gottheit führt. Gottesgeburt bedeutet Gleichheit mit dem Ursprung. Der Prozess beginnt bei der Abgeschiedenheit. Der Mensch in der Abgeschiedenheit nimmt Abschied von der eigenen Wirklichkeit, um in Gottes Wirken einzutreten, nämlich das Gebären des Sohnes bzw. der Tochter. Im reinen Schweigen, im innersten Raum der Stille wird Gott geboren. Hier sind Gottes Grund und der Grund des Menschen eins. Gebären und Geborenwerden fallen in eins.

»Der Vater gebiert seinen Sohn in der Ewigkeit sich selbst gleich. ›Das Wort war bei Gott und Gott war das Wort‹ (Joh 1,1): Es war dasselbe in derselben Natur. Noch sage ich überdies: Er hat ihn geboren aus meiner Seele. Nicht allein ist sie bei ihm und er bei ihr als gleich, sondern er ist in ihr; und es gebiert der Vater seinen Sohn [seine Tochter, *Anm. H. S.*] in der Seele in derselben Weise, wie er ihn in der Ewigkeit gebiert und nicht anders. Er muss es tun, es sei ihm lieb oder leid. Der Vater gebiert seinen Sohn [seine Tochter] ohn' Unterlass, und ich sage mehr noch: … ›Er gebiert mich nicht allein als seinen Sohn; [seine Tochter] er gebiert mich als sich und sich als mich und mich als sein Sein und als seine Natur. Im innersten Quell, da quelle ich aus im Heiligen Geiste; da ist *ein* Leben und *ein* Sein und *ein* Werk. Alles, was Gott wirkt, das ist Eins.‹«[16]

Johannes Tauler spricht in seiner Weihnachtspredigt von drei Phasen der Gottesgeburt und systematisiert damit den Eckehart'schen Gedanken.[17]

Die erste Phase der Gottesgeburt ist vor aller Schöpfung: »Im Anfang war das Wort und das Wort war bei Gott« (Joh 1,1). Im gestaltlosen Abgrund der Gottheit, in dem Einheit und Differenzierung gleichzeitig und ohne Widerspruch wesen, vollzieht sich die erste Phase der Gottesgeburt vor aller Zeit. Doch damit ist die Gottesgeburt nicht vollendet.

Die zweite Phase der Gottesgeburt: In eben dem Wort, das die Selbsterkenntnis und Selbstmitteilung des Urgrundes ist, spricht der Urgrund sich weiter aus und schafft Himmel und Erde, das Sichtbare und das Unsichtbare. Alles, was ist, ist durch das Wort und auf es hin geschaffen. In ihm hat alles Bestand (Kol 1,15). Dies können wir als zweite Phase der Gottesgeburt bezeichnen.

Der Höhepunkt der zweiten Phase der Gottesgeburt beschreibt der Evangelist Johannes im Prolog zu seinem Evangelium: »Und das Wort ist Fleisch geworden, und hat unter uns gewohnt« (Joh, 1,14). Das Wort, das der Urgrund spricht, tritt aus dem dunklen Abgrund der Gottheit hinaus und wird Schöpfung. In der »Fülle der Zeit« (Gal 4,5) kommt das Wort in seine Schöpfung durch den Menschen Jesus von Nazareth, in dem die ganze Fülle der Gottheit wohnt. In ihm wird Gott Mensch.

Die dritte Phase der Gottesgeburt geschieht als das Wirken des Heiligen Geistes in uns, in jedem Menschen. »Allen aber, die ihn aufnahmen, gab er Macht, Kinder Gottes zu werden« (Joh 1,12). Auch in uns geht es um das Christusbewusstsein. Das bezieht die ganze Schöpfung mit ein, denn sie wartet auf das Offenbarwerden der Söhne und Töchter Gottes (Röm 8).

Ohn' Unterlass

Die Gottesgeburt, wie Meister Eckehart sie beschreibt, ist kein einmaliges Durchbrucherlebnis. Sie geschieht »ohn' Unterlass«, vielleicht unvermutet, immer geschenkhaft, sie schafft Tiefe und weitet unsere Grenzen. So erlebe ich es manchmal in der morgendlichen Meditation, in der die Stille in mir an die Stille Gottes rührt. Ein andermal während eines Spazierganges, bei dem die Vollkommenheit einer Blume ihr Wesen offenbart, in der Hitze eines Tages, an dem ein leiser Wind zärtlich mein Gesicht streichelt. Und ich sehe mich unter einem nächtlichen Sternenhimmel, erfüllt von Ehrfurcht und

Staunen. Ich erlebe es im Auftauchen eines kreativen Gedankens, der meine Sprachlosigkeit durchbricht. Nicht zuletzt spüre ich es, wenn ich Bilder von Flüchtlingen sehe, die mich erschüttern. In jedem Moment unseres Lebens, so weiß ich, können wir Gottes innewerden. Da ereignet sich Gottesgeburt in unserer Seele.

Der Johannesprolog ist eine Offenbarung über Gott, über die Welt und über jede und jeden Einzelnen von uns. Der Evangelist lässt in diesem Text die Gegensätze als ein Ganzes aufleuchten, in dem er die Einheit und Verschiedenheit, das Menschliche und das Göttliche, das Zeitliche und die Ewigkeit, das Konkrete und das Kosmische, das Unveränderliche und das Dynamische in wenigen Sätzen auf den Punkt bringt. Indem wir uns auf den Satz »*Im Anfang war das WORT*« einlassen, können wir erfahren, dass der Anfang jetzt ist, dass Gott gegenwärtig ist und dass sich in diesem Moment »Gnade über Gnade« (Joh 1,16) ereignet.

15. Das ist mein Leib (1 Kor 11,23–26)

Von Winfried Semmler-Koddenbrock

Einstieg

Der Nachrichtensprecher im Autoradio berichtet, dass der Rauch von den Waldbränden im Westen der USA durch die Erdatmosphäre bis nach Europa gezogen ist, 8000 Kilometer, und als Farbschleier am Himmel zu sehen war. Das ist der Leib. Abends bin ich zwischen den Feldern hinter unserem Stadtteil unterwegs. Die letzten blau-beige-roten Farben des Himmels liegen über den benachbarten Hügeln. Das ist der Leib. Beim Meditieren im Kontemplationskurs tut mir nach Tagen der Rücken weh. Auch das ist der Leib.

Was ist der Leib? Das Schlüsselwort kommt aus dem 1. Korintherbrief, wo Paulus schreibt: »Denn ich habe vom Herrn empfangen, was ich euch dann überliefert habe: Jesus, der Herr, nahm in der Nacht, in der er ausgeliefert wurde, Brot, sprach das Dankgebet, brach das Brot und sagte: Das ist mein Leib für euch. Tut dies zu meinem Gedächtnis« (1 Kor 11,23–24):

Welcher Leib also? Die erste Antwort ist: der Leib Jesu Christi! Die Christen feierten schon bald nach Jesu Tod das Erinnerungsmahl an den Gekreuzigten und dessen bleibende Gegenwart. Immer tiefer verstanden Christinnen und Christen dieses Mahl der Hingabe und Verwandlung. Damit hat das Schlüsselwort einen deutlichen Bezug zur Eucharistie, zum Abendmahl.

Ich bin nicht getrennt von Gott

Für mich haben das Verstehen und Umsetzen dieses Schlüsselwortes eine lange Geschichte, die schon weit vor meinem Sitzen mit dem Schlüsselwort begann. Sie hat viel damit zu tun, wie meine Sicht von Christus im Lauf der Zeit ausgeweitet wurde. 1985 nahm ich an einem Info-Wochenende des Katharina-Werks zum Thema »Der universale Christus« teil. Die dort von Pia Gyger vorgestellte, auf Teilhard de Chardin zurückgehende Sicht von Christus elektrisierte mich. Es war insbesondere die Ausweitung vom historischen Jesus und dem Christus der Auferstehung hin zum kosmischen Christus. Die kosmische Dimension weitete mein Gottesbild und brachte es in Resonanz mit meinem Erleben von der Größe der Welt. So sind auch die Begriffe »eucharistischer Christus« und »Leib Christi« unterschiedliche Dimensionen der einen Christus-Wirklichkeit. Von da an hatte ich eine anfängliche Sprache für mein Erleben des großen Ganzen, in das ich und jedes Kleine eingewoben sind, in die göttliche Gegenwart, die in allem ist und alles umschließt. Bis dahin hatte ich Gott eher als Gegenüber gesehen und erlebt, als Du, als erfahrbare Liebe. Die Erfahrung der Einheit von allem wuchs nun, ohne die Erfahrung des Gegenübers auszulöschen. Meine jahrzehntelange Schulung bei Pia Gyger in der evolutiven Sicht der Welt und in Zen-Meditation und Kontemplation öffnete die Augen meines Herzens und veränderte meinen Alltag.

Diese Gegenwart Gottes in allem möchte ich Christus nennen, die Christus-Wirklichkeit. Gott schafft Schöpfung durch sein Wort (Gen 1,1 ff. und Joh 1,1 ff.). »Und das Wort ist Fleisch geworden« (Joh 1,14). Das Wort wird Mensch in Jesus Christus, ja auch in jedem von uns. Der kosmische Christus ist von Anfang an wirkend da. Die befreiende Sicht entwickelte sich zur befreienden Erfahrung: Ich bin nicht getrennt von Gott, ich bin eins mit ihm, mit diesem großen, liebenden Geheimnis. Und zugleich bin ich nicht identisch mit ihm. Er geht über alles hinaus, ist auch mehr als die Summe von allem. Das Sitzen in Stille in der Meditation ließ mich in diese Erfahrung hineinwachsen und sie konkretisieren:

»Kommuniziere mit deinen Organen und wisse, Du kommunizierst mit dem ewigen Wort, das in jeder Zelle Deines Körpers west. Erkenne MEIN Wirken im Drängen Deines Körpers, sich neu auszurichten. Sprich an MEINE Gegenwart in Deinen Zellen und befiehl in MEINEM Namen ihr Erwachen.«[1] In der Apostelgeschichte sagt Paulus den Menschen in Athen: »Denn in ihm [Gott] leben wir, bewegen wir uns und sind wir; wie auch einige von euren Dichtern gesagt haben: Wir sind von seinem Geschlecht« (Apg 17,28; die frühere Einheitsübersetzung übersetzt mit »Wir sind von seiner Art«).

Die Erschütterung und die Glückserfahrung, die das für mich bedeutet, fasst ein Satz zusammen, den manche Teilhard de Chardin zuschreiben: »Wir sind keine menschlichen Wesen mit einer spirituellen, sondern spirituelle Wesen mit einer menschlichen Erfahrung.«

Damit stellt sich auch die Frage: Wer bin ich? Wer bin ich wirklich? Und was ist meine Aufgabe in diesem Universum? Welches Potenzial soll und kann ich durch mein Leben zum Ausdruck bringen? Die Erfahrung ist aber nicht nur eine Einladung und Aufforderung, sie ist auch die Erfahrung von Heimat, von Nach-Hause-kommen-Dürfen und -Können. In diesem Christus und in seinem großen Leib bin ich zu Hause.

Raimon Panikkar schreibt es so: Jedes Wesen ist eine Christophanie, »eine Manifestation des christischen Abenteuers der ganzen Wirklichkeit auf dem Weg zum unendlichen Geheimnis«[2]. Für ihn ist Christus derjenige, »der die Distanz zwischen Himmel und Erde … auf Null reduziert, ohne einen der beiden Pole zu opfern«[3]: »Jesus Christus ist das lebendige Symbol der Göttlichkeit, der Menschheit und des Kosmos.«[4] Wir sind gewohnt, die drei zu trennen. Christus verbindet sie. Er trennt uns nicht, sondern er verbindet uns mit allen: mit Erde, Pflanzen, Tieren, Menschheit, Engeln.[5] Das Geheimnis Christi ist auch unser Geheimnis. Es geht darum, unser Geheimnis immer tiefer zu verstehen und darin hineinzuwachsen.

Jedes Wesen ist eine Christophanie! In mir drückt sich dieser göttliche Impuls aus. Und er drückt sich in jedem anderen Wesen aus.

Vereinnahmung?

Ist das nicht eine Vereinnahmung anderer Menschen und Religionen in eine christliche Sicht? Ja, man kann diese Deutung einer Erfahrung leider vereinnahmend gebrauchen. Panikkar betont, dass jede Christophanie begrenzt ist. »Es gibt keine absolute Christophanie.«[6] Wir sollten unsere Auslegung nicht verabsolutieren. »Die anderen Religionen benutzen verschiedene Sprachen und benennen ›ES‹ in unterschiedlichen Formen … Die Tatsache, dass die Christen keine vollständige Kenntnis jenes Symbols haben, das sie Christus nennen, offenbart ihnen, dass sie Christus nicht beherrschen und dass Christus alle Erkenntnis übersteigt (Eph 3,18 f.; Kol 2,3).«[7]

Ich bin durch den interreligiösen Dialog geprägt. Wir sprechen verschiedene Sprachen, um gemeinsame und auch unterschiedliche spirituelle Erfahrungen auszudrücken. Für mich können wir nur mit diesem Respekt miteinander umgehen. Wir können voneinander auf diese Art viel lernen, insbesondere unsere eigene Tradition durch den Spiegel der anderen tiefer zu verstehen.

Worte helfen, Erfahrung zu deuten, zu verstehen, ins eigene Leben zu integrieren. Worte können Brücken sein, wenn sie von Respekt und vom Interesse an der Erfahrung der anderen getragen sind. Wichtig ist, dass wir überhaupt Erfahrungen machen und – in diesem Kontext – den Weg nach innen gehen.

Buddhismus

Im Buddhismus wird ein zentraler Aspekt der Erfahrungen in folgende Worte gekleidet: »Form ist Leerheit, Leerheit ist Form, Form ist nichts anderes als Leerheit, Leerheit ist nichts anderes als Form« (Herz-Sutra). In der Leere bin ich alles und bin eins mit allem. Und zugleich gibt es in dieser Welt die Leere immer nur als konkrete Form.

Yamada Koun Roshi sagte in Vorträgen immer wieder zu folgenden Handbewegungen: »Es gibt die phänomenale Welt« – und strich mit der rechten Hand über die Oberfläche der linken Hand – »und die essentielle Welt« – er strich mit der rechten Hand unter der linken Hand durch – »und beide sind komplett ein.«

Alles ist eins. Buddhisten sprechen von der Wesensnatur oder der Buddha-Natur von allem.

Christliche Mystik

In christlicher Sprache können wir sagen: Das ist der Leib. Wir sind der Leib Christi. Für Paulus ist der Leib Christi zunächst die Kirche, wir können das aber auch auf die Menschheit ausdehnen. Schon bei Paulus weitet es sich auf die ganze Schöpfung (Röm 8,18 ff., 1 Kor 8,6). Fortgeführt wird diese kosmische Ausweitung dann im Kolosser- und Epheserbrief oder auch in der Offenbarung des Johannes (Kol 1,12–20; 2,17; Eph 4,7.12–16; Offb 22,13.16). In dem Begriff des Leibes Christi ist die Einheit mit Christus und die Einheit untereinander ausgedrückt. »So sind wir, die vielen, ein Leib in Christus«. (Röm 12,5). »Wenn darum ein Glied leidet, leiden alle Glieder mit« (1 Kor 12,26). Hören wir diesen Satz auf dem Hintergrund unserer globalen Welterfahrung.

Was Paulus und christliche Mystikerinnen und Mystiker erfahren haben, finden wir heute in den Aussagen der Naturwissenschaftler wieder. Beides sind Brücken für mich zu meiner Erfahrung. Der spannenden Frage, was sich hier mit der Erfahrung von Mystikerinnen in anderen Religionen berührt, kann ich jetzt hier nicht weiter nachgehen.

Praxis

Wenn sich in jedem Wesen das göttliche Geheimnis und seine Gegenwart ausdrückt, dann hat das Folgen für meinen Umgang mit allen Wesen. Die Vielfalt gehört zum Leben wie die Einheit. Das Annehmen der Vielfalt kann sehr mühsam sein, gerade in nahen Beziehungen. Vielfalt ist Quelle von Frust und von Konflikten. Zugleich können wir in der Vielfalt aber auch das unendlich große Potenzial des Lebens entdecken. Gesellschaften, die es schaffen, Vielfalt zu integrieren, haben einen Entwicklungsvorteil. So ist es auch in Beziehungen: Beziehungen, in denen man sich meist einig ist, werden eher langweilig. Beziehungen, in denen es gelingt, die Vielfalt zu wertschätzen und die damit auftauchenden Konflikte konstruktiv zu bearbeiten, haben ein größeres Lebendigkeitspotenzial. Arbeitsteams, die den Mut zur Unterschiedlichkeit und zum Widerspruch haben, bieten ein viel offeneres, motivierenderes Klima und sind produktiver.

Wie oft wehren wir andere Impulse und Menschen ab, die uns fremd sind. Wir haben Verhaltensmuster internalisiert, uns zu schützen, andere abzuwerten und sie in Schubladen zu stecken. Wir sind aber ein Leib! All das tun wir also damit gleichzeitig auch uns selber an. Jedes Wesen ist eine Christophanie. Und das gilt nicht nur für die nahen Menschen, mit denen es oft ja besonders schwer, weil konkret sein kann. Es gilt auch für die Menschen und Wesen, mit denen wir das Ökosystem Erde teilen. Wie können wir Synergie in dieser Welt entwickeln, damit wir zum Wohle aller und des Ganzen zusammenwirken? Das ist eine der Schlüsselfragen der Menschheit. Sie ist zu beantworten sowohl im Leben jedes Einzelnen als auch im Zusammenleben und Entscheiden der Gesellschaften.

Im Sitzen auf dem Kissen wachsen wir in diese Dimension des Leibes hinein. Es ist ein Leib, in dem ich eins mit allen und zugleich eine Zelle an diesem Leib bin. Ich kann nicht alles machen und lösen in diesem Leib. Aber an meiner Stelle kommt es darauf an, wie ich mein Leben in Synergie zum Ganzen lebe. Das Schweigen und Nichts-Tun in der Meditation führt uns über das Aushalten all der vielen Gedanken, Impulse und Mühen im Körper in jenes tiefe Schweigen, wo Einheit erst ahnbar und dann erfahrbar wird.

Raimon Panikkar spricht hier von einer Christophanie von innen: »Der Abgrund, in dem in jedem von uns das Unendliche und das Endliche, das Materielle und das Spirituelle, das Kosmische und das Göttliche zusammentreffen.«[8]

Die andere Seite für ihn ist die Christophanie im Außen: »Christophanie ist keine idyllische Vision«, sondern eine »frohe Botschaft für alle Unterdrückten und die, die es nicht schaffen«.[9] Wie werde ich Teil dieser frohen Botschaft, wie wird mein Leben so, dass es eine frohe Botschaft für mich und die anderen und die Welt wird? In der *via integralis* ist der Weg nach innen von Anfang an mit dem Weg nach außen, in den Alltag und in die politische Verantwortung verbunden. Der Klimawandel geht uns alle an, es ist unser Leib. Unser ökologischer Fußabtritt ist zu groß. Wie kann ich ihn persönlich reduzieren? Und v. a. wie gelingt es uns miteinander, genug Druck für politische und strukturelle Veränderungen aufzubauen? Papst Franziskus schrieb kürzlich: »Wir müssen von der globalen Ungerechtigkeit erschüttert werden, um aufzuwachen und den Schrei der Armen und unseres schwer kranken Planeten zu hören.«[10]

Mein Leib

»Das ist mein Leib« ist auch mein Leib, mein Körper. Und es ist ein einziger Leib! In meinem Leib bildet sich dieser große Leib ab. Beim Sitzen wie im Alltag ist mein Körper ein wichtiger Weg, um in diese Erfahrung des »Das ist mein Leib« hineinzukommen. In meinem Körper spiegelt sich der große Leib der Menschheit und des Kosmos. Wenn ich also zu meinem Körper ein immer tieferes Verhältnis entwickle, dann werde ich auch als Zelle im großen Leib besser fähig sein, in Resonanz zu leben. Meine Lebensgeschichte führte von einem verkopften Winfried zu immer mehr Beziehung zu meinem eigenen Körper.

Alle emotionalen Erfahrungen unseres Lebens sind gespeichert in unseren Körperzellen. Unser Körper ist der Resonanzraum für das, was wir erfahren haben. Der Körper weiß um mich, drückt mich aus. Je mehr ich einen guten Kontakt zu meinem Körper habe, auf ihn höre, achte, desto besser finde ich zu mir und werde eins mit mir. Meinen Leib erspüren, mit meinem Leib in Dialog treten, mich wahrnehmen. Körpertherapeuten weisen auch darauf hin, wie wichtig die Kommunikation meiner verschiedenen Körperteile, Organe und Subsysteme meines Körpers ist, damit die Energie in mir ins Fließen kommt, damit ich mich trauen und ausdrücken kann und mein Potenzial entwickle.[11] In jeder Zelle meines Körpers ist Christus noch unter allen belastenden Erfahrungen der tragende Grund, heilsam und unverletzt in mir, in jeder Zelle. Das trägt mich und alle Verletzungen und gibt Raum auch für das Schöne.

So ein Dialog beendet ein hierarchisches oder Ausbeutungsverhältnis zum Körper. Der Körper ist nicht mehr der Knecht, der mir gehorchen muss. Wenn ich von einem innigen, partnerschaftlichen Verhältnis spreche, dann ist das noch zu sehr im Gegenüber formuliert. In Wirklichkeit ist es eins, bin ich eins. Nur als Körper und Leib bin ich und nehme ich wahr. Und genauso sitze ich in der Stille. Ich sitze mit meinem ganzen Körper, der Atem fließt bis in alle Zellen. Ich bin als Ganzer da und versuche, ganz wach zu sein.

Je mehr ich auf meinen Körper und seine Signale und Bedürfnisse höre, desto sensibler werde ich für diese Signale. Es ist wie beim Gewissen, das Hören darauf und das Befolgen schärft seine Stimme. Konkret: Welche Pausen braucht mein Körper, welche Pflege? Bin ich in Balance, arbeite ich zu viel, fehlt dem Körper Bewegung, welches Essen tut ihm gut …? Wie komme ich zu einer Balance der geistigen, emotionalen und körperlichen Bedürfnisse?

Je besser ich in meinen Leib komme, desto mehr nehme ich auch wahr, was es von mir an Synergie im Menschheitsleib braucht. Je mehr ich nach innen wahrnehme, desto mehr spüre ich auch im Außen und auf das Ganze hin. Auch deswegen ist der Bezug zu unserem Leib so wichtig.

»Oder wisst ihr nicht, dass euer Leib ein Tempel des Heiligen Geistes ist, der in euch wohnt und den ihr von Gott habt? Verherrlicht also Gott mit eurem Leib« (1 Kor 6,19). Welche Würde hat da mein Körper, wie kostbar ist er!

Eucharistie

Was ist der Leib? Und wer bin ich dann?

Wir sind also der Leib Christi. Der Leib Christi bei der Eucharistie, die gebrochene Hostie, das gebrochene Brot, ist ein tiefes Zeichen für diese Wirklichkeit. Augustinus sagt: »Wenn ihr also Leib und Glieder Christi seid, dann liegt euer Geheimnis auf dem Tisch des Herrn: Euer Geheimnis empfangt ihr … Ein Brot: Wer ist dieses eine Brot? Die Vielen, die der eine Leib sind. Seid, was ihr seht, und empfangt, was ihr seid!«[12]

Das, was ich in der Tiefe bin, eins mit Gott, feiern wir auch in der Eucharistie, es ist nichts anderes. Und es geht darum, das, was wir schon sind, immer mehr zu werden.[13] So wird nach Johannes Kopp Eucharistie auch eine kosmische Erfahrung. In der Eucharistie bzw. im Abendmahl feiern wir die große Wandlung, die in diesem evolutiven kosmischen Leib ständig vor sich geht.[14] Wir können das ganz konkret verstehen. Die Eucharistie oder der eucharistische Christus laden uns ein, die Mühsal der Wandlung jeden Tag anzunehmen:

- In diesem konkreten Beziehungskonflikt mich wandeln zu lassen, dass beide Seiten gesehen und verstanden werden und Versöhnung entstehen kann.
- Mein Verhalten beim Einkauf von Kleidern oder bei der Frage nach dem angemessenen Verkehrsmittel immer wieder

infrage stellen zu lassen und mich zu großherzigen Schritten zu motivieren.

- Den bettelnden Menschen am Straßenrand wahrzunehmen: Warum kann ich ihm oder ihr nicht etwas geben als Geste und als kleine Unterstützung?
- Beim Meditieren die Unruhe, die Langeweile, das Gefühl, nicht vorwärtszukommen oder gar zurückzufallen, annehmen und vertrauen, dass genau das das ist, was jetzt da ist und was Teil der großen Wandlung ist. Das regelmäßige Sitzen hat viele Wirkungen. Eine davon ist auch, dass es meine Beziehung zu meinem Körper und meinen Körper selbst verändert.

In der »Ausrichtung auf den Tag« der *via integralis* sprechen wir bei den Kursen jeden Morgen u. a.: »Ich bin bereit, in Verantwortung für kommende Generationen den Weg des Erwachens zu gehen, die Mühsal des Wachsens anzunehmen und wahrhaft liebend zu werden. Göttlicher Urgrund, lass mich erfahren, dass dein ICH-BIN mein ICH-BIN ist.« Das ist der Leib! In der Kommunion feiern wir den sich hingebenden Christus. Wir sind auch dieser Christus.

Bei einem Gottesdienst des Katharina-Werks im Lassalle-Haus im Rahmen eines Kurses teilte ein philippinischer junger Mann zum ersten Mal die Kommunion aus. Er war ganz erschüttert und brachte seine Erfahrung anschließend in die stockenden Worte: »Christus gibt Christus dem Christus.« Alles ist göttliche Gegenwart.

Ein uralter Text drückt diese Erfahrung aus, er ist von Symeon dem Neuen Theologen, einem orthodoxen Mönch und Mystiker (949–1022):

»Dieser Leib – das Leben Christi
Wir erwachen im Leib Christi,
Wenn Christus unsere Körper weckt …
Und die Realisation ist absolut und vollständig,
und alles, was an uns verletzt ist, alles,

was uns dunkel erscheint, hart, anstößig,
verstümmelt, entstellt und unwiderruflich
beschädigt, es ist verwandelt in ihn
und ist erkannt als ganz, liebenswert und
in seinem Licht strahlend.
Wir erwachen noch in der letzten Zelle
unseres Körpers – als Geliebte.«[15]

In heutiger Sprache beschreibt die Schülerin H. S. ihre Erfahrung so:

»Das ›naheste‹ Schlüsselwort – ich kann mich ihm nur ganz
körperlich stellen,
auf dem Kissen,
in der Badewanne,
auf dem Rennvelo
… überall: ›Dies ist mein Leib.‹
Ich bin Leib,
kann ihm nicht ausweichen,
trage ihn immer mit mir.
Bin SEIN Leib, IHR Leib, göttlicher Leib.
ICH Leib Christi,
mit meiner Lust und meinen Lasten,
mit meinen Schmerzen und meinem Wohlbefinden.
Alles der eine Leib.

Inkarnation des Göttlichen
in mir und durch mich.
Teil des EINEN Leibes,
der wir alle sind
der alles ist.
Die gähnende Frau, die mir entgegenkommt,
das zerbrochene Schneckenhaus am Wegrand,
die vom Sturm zerborstenen Bäume,

der spiegelglatte See, auf dem still die Boote liegen.
›Dies ist mein Leib.‹
All dies – bin auch Ich.
Ihn liebend und umsorgend,
liebe und umsorge ich die Welt.
Die Bedürfnisse meines Leibes achtend,
achte ich die Welt.
Ihn ablehnend oder verachtend,
verachte ich die Welt.
Wie wunderbar,
meinem Leib Gutes tun zu können
im Sport, in der Sexualität, in der Entspannung,
im Atmen, im Sein.
Wie schön,
in all dem der Welt Gutes tun zu können.
Mein Leib
– eines Tages wird er es sein,
der mich trennen wird von der Art des Lebens,
wie ich es liebe und genieße im Moment
Vergänglichkeit, Wandel im ewigen Sein
auch ›Dies ist mein Leib‹.

16. Der Wind weht, wo er will

Von Gabriele Geiger-Stappel

Vorbemerkung

Einzelne Schlüsselworte können niemals vollständig und umfassend entschlüsselt werden. Sie entfalten sich in einem andauernden Reifungsprozess. Das vorliegende Wort aus dem Johannesevangelium ist dafür beispielhaft. Ein kurzer Satz, eingebettet in den bedeutungsvollen Kontext des 3. johanneischen Kapitels, das Gespräch zwischen Jesus und Nikodemus.

Das Erschließen eines Schlüsselwortes ist wie ein Reifen und Auftauchen, ein Entdecken des Reichtums im Zusammenkommen von innen und außen, ein immer umfassenderes Erkennen und Verstehen. Das erwachende Bewusstsein entfaltet sich prozesshaft. So ergeht es mir auch mit diesem Satz: »Der Wind weht, wo er will.« Ich werde wohl nie wirklich »fertig« sein mit der darin eingelagerten Weisheit.

Das Schlüsselwort

Aus dem Neuen Testament: Gespräch zwischen Nikodemus und Jesus (Joh 3,3–8)

> »Jesus sagte zu Nikodemus: Wenn jemand nicht von Neuem geboren wird, kann er das Reich Gottes nicht sehen.

Nikodemus entgegnete: Wie kann ein Mensch, der schon alt ist, geboren werden?
Er kann doch nicht in den Schoß seiner Mutter zurückkehren und ein zweites Mal geboren werden.
Jesus antwortete: Wenn jemand nicht aus Wasser und Geist geboren wird, kann er nicht in das Reich Gottes kommen.
Was aus dem Fleisch geboren ist, das ist Fleisch; was aber aus dem Geist geboren ist, das ist Geist.
Wundere dich nicht, dass ich dir sagte: Ihr müsst von Neuem geboren werden.
Der Wind weht, wo er will; du hörst sein Brausen, weißt aber nicht, woher er kommt und wohin er geht.
So ist es mit jedem, der aus dem Geist geboren ist.«

Eine Erfahrung »wird geboren«

Es ist während einer Kontemplationswoche im Oktober 2012 mit Niklaus Brantschen im Lassalle-Haus. In den Einzelgesprächen geht es um ebendieses Schlüsselwort. Beim ersten Gespräch sage ich: Ich kann den Wind nicht festhalten, einfangen und konservieren, der Geist weht, wo er will.

Niklaus: Das ist richtig, doch es geht nicht um Festhalten.

Beim zweiten Gespräch: Der Wind ist in mir, nicht von mir zu trennen, ich bin der Wind.

Es gibt kein Woher und kein Wohin, nur Gegenwärtigkeit.

Niklaus: Ja, *pneuma* – der Geist, du bist der Wind, das ist Freiheit. Freiheit nicht ohne Verantwortung, nicht ohne Tugend, aber frei.

Ich: Ich bin frei, ich bin ein Tempel der heiligen Freiheit.

Während dieser Tage arbeitet es weiter in mir. Ich sitze intensiv auf meinem Kissen und »glöckle« lustvoll (ich habe die Verantwortung für den Gong), spüre Leichtigkeit und Freude. »Ich bin frei!«

In der Nacht ist Neuschnee gefallen, mitten im Herbst eine bezaubernd weiße Landschaft, blauer Himmel, ganz windstill. Plötzlich schnellt ein Ast in die Höhe, die Schneelast pudert zu Boden: Ja, auch die Sonne scheint, wo sie will. Du hörst (ich höre?) den Ast hochspringen und die Schneelast fallen. In einem einzigen Augenblick – in einem einzigen Atemzug, einer einzigen Geste, in einer freien Tat …

Es ist das Wesen des Windes, es ist das Wesen der Sonne und es ist – mein Wesen! Die ganze Zeit bin ich fasziniert von der Schönheit und den Zeichen der Natur. Das Wesen ist in allem!

Was ist das WESEN?

In seinem kleinen Büchlein *Gott versteht mich* beschreibt Juris Rubenis einen kurzen Dialog.

»Einst fragte ein Baum Gott: ›Warum müssen meine Zweige mit dem Wind schaukeln?‹

›Damit der Wind sichtbar wird, wenn er aufkommt‹, antwortete Gott.

›Warum muss der Wind sichtbar sein?‹ Der Baum verstand nicht.

›Weil er zeigt, wie ich das Leben des Menschen gestalte‹, sagte Gott.

Da ist auch das Sichtbare die Folge von etwas Unsichtbarem.«[1]

Die Worte Jesu an Nikodemus fallen mir ein: »neu geboren werden« und: »das Reich Gottes sehen«. Geht es da nicht um ein und dieselbe Erfahrung?

Der Wind, von dem Jesus spricht, ist absolut frei. Neugeboren aus dem Geist bin ich bewegt von dieser Freiheit. Ich bin frei! Doch da meldet sich ein Einwand in mir:

Warum fühle ich mich subjektiv oft unfrei?

Es ist die Angst, die mich immer wieder aus der Einheit mit dem Geist, die frei macht, herauswirft.

Die Angst vor kreatürlichen Schmerzen, vor Kontrollverlust und Ausgeliefertsein, die Angst, nicht mehr »frei« entscheiden zu können (welcher Widerspruch) und dem, was kommt, nicht gewachsen zu sein …

In dem Roman *Die Passagierin* von Zofia Posmysz sagt eine Gefangene, die ihre von der Aufseherin im KZ zugestandenen Freiheiten für Mitgefangene aufs Spiel setzt:

> »Frau Aufseherin, der ist frei, der nichts zu verlieren hat.
> Zum Gefangenen macht den Menschen der Wunsch zu leben.«[2]

Diese Antwort, aus einer existenziell bedrohlichen Extremsituation gesprochen, zeugt von großer innerer Freiheit. Für mich bedeutet es, dass ich da, wo ich festhalte und mich mit meinem Wollen und Begehren dem Fluss und der Einheit allen Lebens entgegenstelle, der inneren Freiheit, der Freiheit des Geistes im Wege stehe.

Schwierigkeiten und scheinbare Hindernisse im Alltag, Konflikte und das Erkennen meiner Begrenzungen, all das sind letztlich hilfreiche Möglichkeiten, um zu begreifen, dass für den Geburtsprozess nicht mein Wollen bestimmend ist. Der Wind weht, wo er will. Die Neugeburt ist ein Geschenk, über das ich nicht verfüge. Thomas Merton schreibt dazu:

> »Alle echte Freiheit wird uns als übernatürliche Gabe von Gott geschenkt, als Teilhabe an seiner wesentlichen Freiheit, und das dank der Liebe, die er unseren Seelen einflößt und sie dadurch mit ihm vereint, zunächst in Form einer vollkommenen Zustimmung und dann in Form einer Verwandlung, die unseren Willen mit dem seinen eins werden lässt.«[3]

Das ist für mich eine Verheißung, nach der ich mich sehne. Ich durfte von der vollkommenen Zustimmung schon wiederholt schmecken, es auch im Alltag spüren dank der Stille, dank der Kontemplation.

Der Wind weht, wo er will, und ich meine, er liebt mein Schweigen, mein Mich-Lassen.

Die Erfahrung verkörpern

Nur in einem Prozess der Zustimmung und Hingabe kann die Saat einer Erfahrung in meinem Leben aufgehen und Frucht bringen. Es braucht meine Entschlossenheit, die Resonanz auf das Erfahrene in meiner eigenen Tiefe wachzuhalten und offen zu bleiben für das Geschenk der stetigen Verwandlung. Auf diesem Weg inspirieren und ermutigen mich Gestalten der Bibel.

Nikodemus hat sich schwergetan zu verstehen. Doch er war neugierig, ließ nicht locker und eröffnete auf seine ganz spezielle Weise das Gespräch. Wer solches tut wie Jesus, muss – so seine Wahrnehmung – von Gott kommen. Und er kontert auf Jesu Antwort selbstbewusst mit seiner eigenen Logik: In den Mutterleib zurück, wie soll das gehen? Nikodemus bleibt da zwar noch ganz in seinem gewohnten Denkmuster verhaftet, doch er bleibt ein Fragender.

In der Verkündigungsszene (Lk 1,26–38) antwortet Maria dem Engel Gabriel, der ihr die Geburt eines Sohnes verheißt, mit ähnlichen Worten: »Wie soll das geschehen?« Auch sie denkt zunächst logisch-rational und lässt sich trotzdem auf das Wort des Engels ein. Sie kann das Nichtwissen aushalten und antwortet aus der Tiefe ihres vertrauenden Herzens: »Mir geschehe, wie du gesagt hast«, und wird so zur »Mutter Gottes« und zu einem Zufluchtsort für die Christenheit.

Jesus selbst machte in der Taufe am Jordan eine tiefe und allumfassende Erfahrung. Er ist eingetaucht in das Wasser und wieder aufgetaucht. Dabei ist etwas unvermittelt in ihm aufgebrochen, was immer schon da war. Der Himmel öffnete sich, und er wusste plötzlich, in einem Augenblick durchdringender Selbsterkenntnis, wer er war, gerufen als »mein geliebter Sohn«, neugeboren, frei. Nach einer Zeit des Fastens und Betens, einsam in der Wüste, wo er seine Erfahrung integriert, beginnt er in einer ganz neuen Seinsmacht wie selbstverständlich zu lehren und zu wirken.

Die Jünger und Jüngerinnen Jesu lassen sich nach dessen Tod in einer neuen, unerschütterlichen Ganzheit beim ersten Pfingstfest vom Geist ergreifen. Diese einfachen Menschen, gerade noch ängstlich blockiert, erkennen augenblicklich ihre »hellste Möglichkeit« und beginnen ohne Zaudern, in diesem ungeheuren Prozess der Bewusstwerdung geistbewegt und mit brennenden Herzen ihre Berufung zu leben.

Wegweisend sind mir auch Zeugnisse von Menschen anderer spiritueller Traditionen, die mit uns ihre Erfahrung teilen, uns berühren und bereichern können.

Dazu gehört Akincano Marc Weber, mein Vipassana-Lehrer während der Ausbildung zur Achtsamkeitslehrerin (MBSR). In einem Beitrag »Was macht meinen Alltag spirituell?« reflektiert er seine Lebenserfahrung auf verschiedenen Ebenen: als Mönch, als Kontemplativer und als Mensch. Zu Letzterem schreibt er:

> »Für mich als Mensch bedeutet es, eine Durchlässigkeit und Unmittelbarkeit zu gewinnen, in welcher ich zulassen kann, dass das, was mir begegnet, mich zutiefst zu verändern vermag. Es bedeutet, in Mitgefühl und Verantwortung, Hingabe und Herzensklugheit mit anderen zu leben.
>
> Dass ich mich nicht bloß als den unzulänglichen Menschen verstehe, der ich jetzt gerade bin, sondern mich auch an jenen anderen erinnere, der als hellste Möglichkeit in mir schlummert und der nicht erst geschaffen, sondern bloß gerufen zu werden braucht.«[4]

Die tägliche Übung des Sitzens, des Zazen, wo ich meine Wahrnehmungen, Gedanken und Gefühle beharrlich durchdringe und mich dem Nichtwissen und dem ortlosen Ort der Stille ganz überlasse, hat eine verwandelnde Kraft. Ich werde durchlässig und offen für meine »hellste Möglichkeit«, für den Menschen, der in mir angelegt ist und darauf wartet, in seine wahre Größe, sein wahres Menschsein gerufen zu werden.

Madeleine Delbrêl bündelt das Schlüsselwort, die Erfahrung und den Weg in einem einzigen Satz: »In diesem Leben liegt eine große Chance ... Es ist an einen Hauch des Geistes gebunden, sein Weg ist eng an das Schweigen gekoppelt.«[5]

Als Zen-Schülerin, die ich auch bin, schließe ich meine Gedanken zum Schlüsselwort mit einer Zen-Geschichte:

> »Eines heißen Sommertags saß der Meister Pao-che auf dem Berg Ma-ku in China und fächelte sich mit dem Fächer Luft zu.
>
> Ein junger Zen-Mönch kam zu ihm und sagte: ›Das Wesen des Windes ist überall. Es gibt keinen Ort, wo es nicht ist. Warum braucht ihr einen Fächer?‹
>
> Der Meister antwortete: ›Du weißt zwar, dass das Wesen des Windes überall ist, aber du weißt noch nicht, was das Wesen von Es-gibt-keinen-Ort-wo es-nicht-ist ist.‹ Da fragte der junge Mönch: ›Was ist also das Wesen von Es-gibt-keinen-Ort-wo-es-nicht-ist?‹
>
> Der Meister blieb einfach sitzen, fächelte sich Luft zu und sagte kein einziges Wort.«[6]

So mache ich es jetzt wie der alte Chinese, ich sage kein einziges Wort mehr und bitte Sie, liebe Leserin, lieber Leser, die Fenster zu öffnen, damit frische Luft hereinkommen kann.

17. Mein Leib, ein Tempel des Heiligen Geistes – Entdeckungen zu 1 Kor 6,17

Von Bernhard Stappel

»Wisst ihr nicht, dass euer LEIB ein Tempel des Heiligen Geistes ist, der in euch wohnt und den ihr von Gott habt? Ihr gehört nicht euch selbst« (1 Kor 6,17). – Im Sommer 2013 stehe ich an der Schwelle vom Beruf zum »Nach-dem-Beruf«. Der sogenannte Ruhestand liegt vor mir. Was würde kommen? Ich bitte Gabriele, meine Frau, die noch voll im Beruf steht, um ihr Einverständnis für eine dreimonatige Auszeit – eine alte Sehnsucht in mir seit vielen Jahren. Gabriele willigt ein, und ich finde mithilfe von Freunden eine kleine Hütte an der baltischen Küste Lettlands, inmitten der grandiosen Natur mit Blick auf die Weite des Meeres …

In diesen zehn Wochen geschieht Wesentliches. Ich bekomme Abstand und sehe mein Leben mit neuen Augen. Sowohl das, was hinter mir liegt, als auch jener Teil, der kommt und unbeschrieben vor mir liegt. Dank der Freunde habe ich alles, was ich zum einfachen Leben brauche, auch ein Meditationskissen. Meinen Alltag organisiere ich auf einfachste Weise, »wie es eben kommt«. Im Gepäck sind einige Bücher, die ich schon längst lesen wollte, darunter auf Empfehlung von Niklaus Brantschen, meinem langjährigen Zen-Lehrer, auch das *Shobogenzo* von Meister Dogen (1200–1253). Es wird meine Meditationspraxis nachhaltig prägen! Und das hat nicht zuletzt mit jenem Vers aus dem Korintherbrief zu tun, der mir zuvor wenig bedeutet hat. Im Folgenden bringe ich einige Auszüge aus meinen Tagebuch-Notizen aus Lettland.

Wer ist es, der da sitzt?

Mittwoch, 21.8.2013: Dies ist die zweite Woche am Meer. Es gilt die Devise: keine Regeln. Sehen, was kommt. Tun, was mir in den Sinn kommt. Heute langes Ausschlafen. Nach dem Morgenritual – Bad im Meer, warmes Fußbad mit Tasse Tee, eine Stunde Meditation, dann Frühstück, anschließend Aufräumen – lese ich bei Meister Dogen:

> »Gib alle Vorstellungen auf, konzentriere dich aufrichtigen Geistes auf Zazen und überschreite die Vorstellungen von Erleuchtung und Täuschung, Gefühl und Verstand. Dann wirst du frei und kannst die große Erleuchtung nutzen. Diejenigen, die Wert auf Worte und Buchstaben legen, haben nichts, was sich damit vergleichen ließe.«

Vier Leitsätze aus dem *Shobogenzo* habe ich mir heute gemerkt:

> Alle Lebewesen SIND die Buddha-Natur.
> Jeder Moment enthält die ganze Erleuchtung.
> (Zeit = Sein und Sein = Zeit)
> Übung und Erleuchtung sind EINS.
> Eines jeden Haltung ist das Buddha-Gesetz.

Dennoch: Die Sprache von Dogen, dem Zeitgenossen von Meister Eckehart, gefällt mir. Schnörkellos auf das Wesentliche abzielend. Je mehr ich im *Shobogenzo* lese, desto mehr bekomme ich »Lust am Sitzen«. Ich probiere aus und will je neu erfahren, wie Erleuchtung sich jetzt gerade anfühlt! Ich versuche zu übersetzen in meine christliche Muttersprache, die mir vertraut ist:

> Alle Geschöpfe sind ihrer Natur nach CHRISTUS
> (Alpha und Omega).
> In jedem Augenblick ist Gott gegenwärtig.

Gebet, Kontemplation und Leben sind EINS.
Das Leben ist Geschenk.

Sonntag, 8.9.2013 (nach der Meditation): Dogen spricht im Zusammenhang mit Zazen vom »Nicht-Denken«. Ja, das ist eine Herausforderung, die ich auch spüre: das »Denken der Gedanken« hinter sich zu lassen und ganz in das »Nur-Sitzen« und in die »Reine Präsenz« hineinzugehen. Johannes vom Kreuz spricht von der notwendigen »Nacktheit« (*desnudez*), wenn ich auf dem »Weg zur Gotteinung« bin – wie treffend.[1] Aber was passiert, wenn die Gedanken aufhören? Was jedenfalls bleibt, ist die gute Sitzhaltung, das reine Zazen. Ich verstehe immer besser: Das ist das A und O: »*Mich* wahrnehmen im Sitzen …« Doch: *Wer* ist es, der da sitzt? Wer ist dieses »mich«? Und wer nimmt es wahr? Es wird »leerer«, je mehr ich sitze, nichts als sitze … Jedes Denken, wie »Ich bin da«, ist schon Gedanke und zerstört das zarte Gewebe des »Nur-Sitzens« und der »Leerheit«. Wie wenn ich in diesen Tagen des Spätsommers durch den Wald gehe – vorsichtig, damit ich die vielen feinen (Spinn-)Fäden in der Luft nicht störe … So ist auch die »Reinheit meiner puren Präsenz« störbar, ja: zerstörbar wie der fast unsichtbare Seidenfaden in der Luft vor mir … »Leerheit«, was kann damit in diesem Zusammenhang gemeint sein? Vielleicht: Sitzen ohne eigenes Wollen, eigenes Wissen und Tun-Wollen – nur in meinem Leib da sein und sitzen?! Meine Präsenz in der Gegenwärtigkeit des Ewigen. Nichts sonst.

Montag, 9.9.2013 (abends): Es gibt eine tiefe Sehnsucht und Resonanz in mir zu Jesus und seiner Botschaft und seinem Weg der »*Kenosis*« (gr., Entäußerung) und der Hingabe: Ich verstehe mit dem Herzen, warum er diesen Weg ging. Theologisch und theoretisch ist das für mich ganz klar – und trotzdem bleibt es Kopf-Wissen. Ich spüre auch Widerstände in mir: Ich möchte leben, und das in Fülle. Ich möchte mich nicht isolieren und zum Außenseiter werden, und dies auch nicht meiner Familie zumuten.

Dennoch: Sowohl Zustimmung im Kopf wie auch Ängste und Widerstände über den Sinn dieses Weges bleiben mental und »Theorie«. Ich will offen bleiben in meinem Herzen für das LEBEN und das Himmelreich an diesem Ort. Und genau dazu hilft mir das Zazen und die regelmäßige Übung. *Shikantaza* nennt sie Dogen. Der Königsweg für das Loslassen von allem, was mit meinem isolierten Ich zusammenhängt. Also weiter: Nur-Sitzen. Pure Präsenz. Nicht-Denken. Reine Gegenwärtigkeit. Sosein im jeweiligen Augenblick. Das ist es. Hier am baltischen Meer …

(Später) Allmählich lerne ich das große LEBEN respektieren, das »in mir atmet«. Das LEBEN ist hier überall zu spüren. Die Vögel vor dem Haus. Das Klatschen der Wellen am Strand, wenn sie in sich zusammenfallen. Der neu erblühte Löwenzahn mitten im Herbst … Es ist, als würde die ganze Welt atmen. Und ich – ich bemerke es nur, wenn ich sitze. Da ist es wieder: nicht »ich«: ES atmet in mir, durch mich … Den Atem kann ich nicht ansparen, sozusagen »auf Vorrat atmen«. So fühlt sich LEBEN an – in diesem Moment. Welch großes Geschenk. Ich erinnere mich an die uralte biblische Deutung des Atems: Im 2. Schöpfungsbericht heißt es: »Da formte Gott, der Herr, den Menschen aus Erde vom Ackerboden und blies in seine Nase den Lebensatem. So wurde der Mensch zu einem lebendigen Wesen« (Gen 2,6). Genau das ist es, was passiert: Ich fühle lebendig den *Ruach des Ewigen* in meiner Nase! Jeder Atemzug ist eine Erneuerung des Schöpfungsaktes. In der Übung erfahre ich mich als Teil des LEBENS: Zazen ist der reine »Geschmack des Lebens«.

Ist da ein Unterschied zum Weg Jesu? Gegenfrage: Gibt es überhaupt einen für ihn, dem nichts Menschliches fremd war? Sein Weg der *Kenosis* bestand darin, sich im jeweiligen Augenblick zu »verschwenden«, ein Fest mitten im Alltag zu feiern – mit den Menschen, die ihm begegnen. Auch mit den Ausgegrenzten. Und später tat er es mit derselben Hingabe: Solidarisch zu leiden war sein Ausdruck von Liebe zu allen …

Dienstag, 10.9.2013: Heute morgen beim Sitzen kommt mir das griechische Wort *diaphanein* in den Sinn: »durchscheinen«. Es könnte ein Äquivalent für »Nur-Sitzen« oder für »Leerheit« sein. In dem Maße, wie ich »leer« werde, werde ich »durchscheinend« für das, was IST, für die reine Wirklichkeit, für das Göttliche (Licht) in uns und für Gottes Gegenwart in dieser Welt! So wie in alte Gotteshäuser das Licht der Sonne einströmt und sie »erfüllt«. Apropos Diaphanie – es ist nicht nur ein zentrales Paradigma in der ostkirchlichen Mystik, sondern heute auch ein Schlüsselbegriff in der sogenannten »Bildtheorie« moderner Medien und in der ganzen Filmbranche. Das wusste ich bisher auch nicht. Ist mein Leben – »wie im Film«?

Samstag, 12.10.2013 (am Strand): Ich frage mich immer wieder: Was geschieht eigentlich in der Kontemplation, wenn ich nichts tue? Eine Beschreibung von Bede Griffiths gefällt mir: *»Kontemplation ist das Erwachen zur Gegenwart Gottes im Herzen der Menschen und im umgebenden Universum. Kontemplation ist Erkenntnis im Zustand der Liebe.«*

Hier am Meer spüre ich die Nähe des Universums besser als in der Stadt. Und mein Herz wird weit. Jeden Tag mehr. Ist die Wirklichkeit, die wir »Gott« nennen, da? Auch jetzt, wo ich diese Sätze schreibe? Keine Frage. Ein einfacher Satz: »Gott ist gegenwärtig« – und alles ist gesagt! Auch morgens, wenn ich mich aufs Kissen begebe zum Zazen – und die Ausrichtung spreche: *»Eins mit dir, Urgrund allen Lebens …«*

Und noch eine Erfahrung, von der ich lese bei Symeon dem Neuen Theologen, einem Mystiker der Ostkirche. In seinem Hymnus *Christ's Body*[2] schreibt er: *»Wir erwachen im Leib Christi, wenn Christus unseren Körper weckt …«*

Wir erwachen im Leib *Christi*,
wenn *Christus* unsere Körper weckt.
Meine armselige Hand hier ist *Christus. Er* betritt
meinen Fuß und ist ohne Einschränkung – mich!
Ich bewege meine Hand und – o Wunder –

Meine Hand wird *Christus*, wird göttliche Gegenwart.
Denn Gott ist unteilbar in seiner Fülle
und ohne Naht seine Gottheit.
Ich bewege meinen Fuß und im selben Augenblick
erscheint *Christus* in aufblitzendem Erkennen.
Scheinen Dir meine Worte als Gotteslästerung?
Dann öffne du IHM dein Herz!
Öffne dich und lass dich den empfangen,
Der sich öffnet für dich in so tiefer Weise.
Denn, wenn wir Gott mit wahrer Liebe lieben,
Werden wir im *Leib Christi* erwachen …

Kontemplation ist »leibhaftes Sitzen« auf dem Kissen, aber ebenso jetzt, wo ich oberhalb der Steilküste auf einer Bank »sitze« und auf das Meer schaue: nur Weite, Resonanz auf die Worte und meine Fragen …

Zuerst zaghaft, dann immer mehr überflutet mich große Dankbarkeit, Fülle und Staunen. Es ist wie schon heute Morgen: Da ist niemand mehr, der dankbar ist oder staunt … Da ist niemand mehr – außer IHM! Für einen unendlichen Moment fällt mir das »Ich-Sagen« geradezu aus der Hand … Ich bin dankbar – ich?! Nada ist das Einzige, was übrig bleibt. Nada in allen Variationen. Positiv. Negativ. Kein oben. Kein unten. Vielleicht – DU … Ich kann nur noch antworten als »Teil von IHM«. (Später am Abend) Ich spüre dem Erlebten nach: Was bedeutet das, »Leib Christi« sein? Bedeutet »Leib Christi« etwas anderes als »Leib Gottes«? Was ist der Unterschied? »Christus« ist die inkarnierte Gottheit: grenzenlos – im Universum, historisch – in Jesus von Nazareth, sakramental – beim Brechen des Brotes und in der Eucharistie, und schließlich – immer wenn wir *erwachen* auf Gottes Gegenwart hin – in mir, in dir und JETZT in diesem Augenblick!

Montag, 21.10.2013: Starkes Meditationserleben, das den ganzen Tag anhält bzw. mich beschäftigt … Alte, bekannte Worte nach der Meditation drängen sich mir auf:

Universaler Christus, du bist das Leben in mir und führst, ja drängst mich zu Grenzerweiterungen meines Herzens. Dir übergebe ich mein kleines, ängstliches und egozentrisches »Ich«.

Verbrenne es in deiner Liebe, damit ich fähig werde, ganz aus deinem Ich-Bin zu leben.

Wandle meine Widerstände und mein Anhaften in jene vollständige Hingabe um, in der ich erkenne, dass dein ICH-BIN mein ICH-BIN ist.

Was ist passiert heute Morgen? Wo ist mein Ich? Plötzlich höre ich das Zwitschern der Vögel draußen auf der Terrasse, so hell, so klar; jetzt das Picken, vermutlich der Kleiber; ein Hund bellt am Strand, der – so mag es sein – hinter dem tuckernden Traktor herrennt … Das Glucksen meines Magens und das Tränen der Augen – alles EINS, alles gleichzeitig … aber ich? Wo ist »es«?

Mein Körper sitzt. Meine Lunge – oder wer oder was – atmet. Schöner gleichmäßiger Rhythmus.

Der stille »Smog« des Räucherstäbchens. Die Wand vor mir. Alles ist da – aber ich?

Da ist nur ein einziges durchdringendes Erkennen! Ja, es ist Erkennen und Erkannt-Werden. Ein »So-ist-es!« Du – Ich – Es – Alles – Eins – Jetzt.

Die Meditationsuhr meldet sich auch – in diesem Augenblick …

Ja: Ich bin erkannt!

Das war 2013. Meine Kontemplation seither ist reines Sitzen in wacher Präsenz. Meine Gegenwärtigkeit lebt auf in der Gegenwart des Ewigen. Mein Leib – ein natürlicher Tempel der Heiligen Geistkraft, die in mir wohnt und mir Leben gibt.

18. Maria und Martha (Lk 10,38–42)

Von Barbara Alzinger

Diese Bibelstelle mit dem Schlüsselwort »Martha, Martha, du machst dir viele Sorgen und Mühen. Aber nur eines ist notwendig« (Lk 10,41–42) beschäftigt mich schon sehr lange, und ich erfahre es als ein »Lebens-Koan«. Gerade in den Monaten März und April 2020, als ich wegen den Maßnahmen zur Eindämmung des Coronavirus zu Hause bleiben musste, wurde in mir diese Sehnsucht wieder stark geweckt, so zu leben, wie es von Maria im Text berichtet wird: zurückgezogen von den Anforderungen der Welt, ganz hingegeben dem Sein, der Stille, dem Jetzt und dem innigen Lauschen auf Gottes Wort. Heute, als ich diesen Text schreibe, weiß ich, dass es um die Verbindung von Maria und Martha in mir geht – ich übe das jeden Tag und spüre immer mehr, wie ich nur aus dieser Integration heraus mein Leben, vor allem auch mein Berufsleben als Heilpädagogin in der Früherziehung bewältigen kann. Mich hat der Corona-bedingte Lockdown mit einer tiefen Dankbarkeit für mein Leben erfüllt. Und mitten in diesen erfüllten Tagen stieß ich auf Gedanken von David Steindl-Rast, die er in einem Gespräch mit dem Journalisten Johannes Kaup entfaltet. Er stimmt der Aussage von Kaup zu, dass auch der Kampf, der Einsatz für mehr Gerechtigkeit in sozialen Konflikten eine Form dankbaren Lebens sei. Und dass, wenn wir aus Dankbarkeit heraus leben, immer auch soziale Verantwortung mitschwinge.[1] Das war wie ein »Weckruf« in meine selige Stille hinein, und ich wusste wieder, was meine Aufgabe und Arbeit ist.

Davon handelt auch der Text und das Schlüsselwort von den Schwestern Maria und Martha. Ich habe für den Ausgangstext bewusst eine Übersetzung von Fridolin Stier gewählt, da sie von den bisher üblichen Übersetzungen abweicht. Mit Freuden habe ich beim Überarbeiten meines Textes festgestellt, dass die revidierte Einheitsübersetzung von 2016 in der letzten Zeile nun auch dieser Übersetzung folgt.

»Als sie weiterwanderten, kam Jesus in ein Dorf.
Eine Frau namens Martha nahm ihn in ihrem Haus auf.
Sie hatte eine Schwester, die Maria gerufen wurde.
Sie hatte sich dem Herrn zu Füßen gesetzt und hörte auf sein Wort.
Martha aber musste sich schinden mit vielen Diensten.
Und sie trat auf und sprach:
Herr, kümmert es dich nicht, dass meine Schwester mich allein dienen lässt?
Sag ihr doch, dass sie mit mir zufasst.
Der Herr aber hob an und sprach zu ihr:
Martha, Martha! Du sorgst dich und regst dich über vieles auf;
aber man braucht nur eins.
Maria hat sich also den guten Teil erwählt, der ihr nicht genommen werden soll.«[2]

Am verbreitetsten ist die Deutung dieser Stelle, dass Maria die *vita contemplativa* und Martha die *vita activa* symbolisiert. Dieses Bild hat eine lange Wirkgeschichte – bis heute – mit einer fatalen Wertung, dass nämlich das kontemplative Leben »besser« sei als das aktive, alltägliche. Dazu hat die bis heute in verschiedenen Bibelausgaben geläufige Übersetzung »Maria hat den besseren Teil gewählt« im Laufe der Kirchengeschichte beigetragen.

Auch Johannes Tauler legt diese Bibelstelle in seiner Predigt 51 so aus: »Maria hat das beste Teil erwählt.«[3] Bei Angelus Silesius hat Maria ebenfalls »das beste Teil erwählt«:

»Martha und Maria
Die Martha lauft und rennt, dass sie den Herren speise,
Maria sitzet still und hat doch solcher Weise
das beste Teil erwählt: Sie speiset ihn allein:
Die aber find't auch sich von ihm gespeiset sein.«[4]

Einen großen Einfluss auf diese Deutung und Wertung geht auf einen Übersetzungsfehler vom griechischen Urtext in die lateinische Vulgata.[5] Das Griechische *»agathên«* (*agathos* – das Gute) wurde mit dem Lateinischen *»optimam«* (*optimum* – das Beste) übersetzt (und bspw. nicht mit *utilis* = das Gute, Brauchbare, Nützliche). Einzig Luther in seiner Bibelübersetzung benutzt die »richtige« Formulierung »das gute Teil«.

Ein Text, der sehr explizit diese dualistische Deutung aufnimmt, ist der »Klassiker« der Mystik, die anonyme Schrift *Die Wolke des Nichtwissens*, die im England des späten 14. Jahrhunderts entstand (um 1390).[6] Darin kommt dieser Vergleich zwischen aktivem und kontemplativem Leben am Beispiel von Maria und Martha öfter vor, und es ist ganz klar, dass das kontemplative Leben das bessere ist: »Das aktive Leben ist das niedrigere, das kontemplative das höhere.«[7] Maria wird beschrieben als ganz »in mystischer Versenkung und in Liebe zur Gottheit entrückt«[8]. Martha ist zwar auch eine »große Heilige«, und der Autor bekräftigt, dass sie nicht abgewertet werden soll, aber sie handele ganz aus »Unwissenheit«[9] heraus, weil sie nichts anderes kenne als das tätige Leben: »O ihr Aktiven, ihr Aktiven seid so geschäftig wie möglich mit körperlicher Arbeit …; mischt euch aber nicht in die Tätigkeit der Kontemplativen ein, denn ihr wisst nicht, was sie bewegt. Lasst sie sitzen in ihrem Frieden und in ihrer Freude und mit dem … besten Teil Mariens.«[10]

Ganz anders sieht das Teresa von Ávila. In ihrem Buch der Klostergründungen meint sie zu den Schwestern: »Wenn euch der Gehorsam viele äußere Verrichtungen auferlegt, etwa in der Küche, so wisst: Inmitten all der Töpfe ist der Herr zugegen.«[11] Eine ebenso radikal andere Interpretation von Maria und Martha finden wir in der Predigt 28 von Meister Eckehart.[12] Seine Deutung wurde offensichtlich vom später lebenden Autor der *Wolke des Nichtwissens* nicht aufgenommen.

Für Eckehart ist Maria noch am Anfang des geistlichen Lebens, und er spricht der reiferen Martha eine größere Nähe zu dem zu, was nottut. Martha erkennt, dass ihre Schwester Maria »irgendwie mehr um des wohligen Gefühls als um des geistigen Gewinns willen dagesessen habe«. Und deshalb fürchtet Martha, »dass sie [Maria] in diesem Wohlgefühl und in der Süße stecken bliebe und nicht weiter käme«[13], und Martha wünscht, dass Maria so würde wie sie selbst.[14]

Eckehart beschreibt den Prozess der Maria als Lernende, als Schülerin, die erst leben lernt. Christus tröstet und beruhigt Martha sogar: »Dies hier [das Sitzen in Wohlgefühl und Süße] wird sich bei ihr verlieren. Das Höchste, das einer Kreatur zuteilwerden kann, das wird ihr zuteilwerden: Sie wird selig, heilig werden wie du.«[15] Und Eckehart zeigt den Weg auf, den auch wir in der Übung der Kontemplation gehen: Maria musste erst eine Martha werden, ehe sie wirklich eine Maria werden konnte. Denn da sie unserem Herrn zu Füßen saß, da war sie das noch nicht. Es braucht also einen Weg, ein Aufstehen aus der Versunkenheit, um das Leben wesenhaft zu besitzen.[16]

Martha erscheint somit bei Eckehart als eine lebenserfahrene, erleuchtete Frau, die das aktive und kontemplative Leben bereits integriert hat. »Martha aber stand ganz wesenhaft da.«[17] Diese Haltung des Stehens im Wesentlichen befähigt sie, unbelastet und voll Autorität mit Christus zu reden. Und deshalb ruft Jesus sie zweimal mit ihrem Namen: »Martha, Martha«, um anzudeuten, dass sie »alles, was es an zeitlichem und ewigem Gute gäbe und eine Kreatur besitzen sollte, vollends besaß«[18], also weltliche und geistige Vollkommenheit.

Eckehart erklärt dann weiter, was es bedeutet, dass Jesus zu Martha sagt »Nur eines ist notwendig«: »Das heißt so viel wie: Wer ungetrübt und lauter sein will, der muss eines haben, und das ist

Abgeschiedenheit.«[19] Damit meint er ungehindert von allen Dingen sein[20], in der Freiheit wahrer Gegenwärtigkeit stehen[21], und er umkreist den Begriff, der ein Zustand ist, an vielen Stellen in seinem Werk (u. a. Losgelöstsein, Nicht-verhaftet-Sein). Er meint damit aber nicht, dass man nicht mehr bewegt werden könne von Freude oder Leid, sondern es geht um das ganz präsente Leben im Augenblick.[22]

Martha lebt diese Abgeschiedenheit: Sie kann mitten in den Dingen stehen, ohne in den Dingen aufzugehen: »*Bei* der Sorge«, nicht aber »*in* der Sorge« stehen, nennt Eckehart dieses Tun.[23] Er unterscheidet zwischen dem »Werk«, das man von außen sorgenvoll verrichtet, und dem »Gewerbe«, dem man sich »mit verständnisvoller Umsicht von innen her befleißigt«[24]. Wir können auch davon sprechen, dass Geschäftigkeit ein äußerliches Getue ist, aber Tätigkeit das ist, was man achtsam, bescheiden von innen her ausübt.[25] Eine andere Übersetzung spricht vom Unterschied von Werk und Wirken.[26] Es ist eine Haltung, die zu dem führt, wie Eckehart sagt: »Ich tu's gerne« – was immer es ist. Statt Kampf und Widerstand wird uns das Tun zur Herzensfreude und dadurch erst werden wir fruchtbringend.[27]

Eckehart schwärmt geradezu vom Wunder, das in dieser Haltung zum Ausdruck kommt: »Außen stehen und innen begreifen und ergriffen werden; sehen und das Geschaute selber sein; halten und gehalten werden; das ist das Ende, da der Geist ruht in der Einigkeit der Ewigkeit.«[28] Also ist Eckeharts Schlussfolgerung, dass nur eines nötig sei: das Einswerden.[29] Und wenn wir in dieser Haltung leben, dann sind beide Wege gleich edel, also gleichwertig: »Gottes Freunde leben mit den Dingen und mit der Sorge, nicht in den Dingen und in der Sorge. Und dann ist das zeitliche Werk ebenso edel wie das Sich-Versenken in Gott.«[30] Kontemplation und Aktion sind eins, denn »man ergreift es nur im Grund der Kontemplation und macht es fruchtbar im Wirken und darin findet das Ziel der Kontemplation seine Erfüllung«[31].

Damit folgen wir Dorothee Sölles Appell, die Welt nicht mehr in Macherinnen und Macher und Träumerinnen und Träumer zu trennen. Wir müssen nicht wählen zwischen Kontemplation und Handeln, nicht zwischen Kochen und Beten. Maria und Martha sollen eins werden in uns, wir brauchen beide![32]

Auch Teresa von Ávila verwirft eine sich abkapselnde Mystik und findet Bilder aus dem Alltag dafür: »Glaubt mir, Martha und Maria müssen beisammen sein, um den Herrn beherbergen zu können und ihn immer bei sich behalten zu können, sonst wird er schlecht bewirtet sein und ohne Speise bleiben.«[33] Auf kein Entweder-oder wollen wir uns mehr einlassen. Wir sehnen uns nicht mehr danach, dass der Augenblick verweilen und die Lust ewig dauern soll, sondern ungehindert aller Dinge wollen wir zur Tat schreiten, mitten in der Welt.

Denn es stimmt, was Shunryu Suzuki (1905–1971) gesagt hat und was man auf fast jeder Zen-Webseite lesen kann: »Zen ist nicht etwas Aufregendes, sondern Konzentration auf deine alltäglichen Verrichtungen.« Noch knapper hat C. S. Lewis formuliert, worum es geht, was er erfahren hat und was wir leben sollen: »I am what I do« – Ich bin, was ich tue.[34] Ganz im Tun sein heißt wahrnehmen mit all unseren fünf Sinnen: sehen, hören, riechen, schmecken und fühlen.

Diese Nähe zu den Dingen und Menschen bedeutet die Nähe zu Gott. In keiner anderen Predigt Eckeharts kommt dieser Begriff ›Nähe‹ so oft vor. Für ihn »hat man in all seinem Tätigsein immer nur ein Schauen Gottes«[35]. Um diese Einheit von Spiritualität und Weltgestaltung geht es, um Selbst- und Weltfindung, um Selbst- und Weltgestaltung.

Auch in der *via integralis* gehören beide Wege zusammen, sie bedingen und beeinflussen sich. Kein ruhiges Seelengärtchen sollen wir pflegen, sondern uns berühren lassen von der Not der Zeit und unseren Platz im Leben finden, wo wir zur Linderung von Leid und Schmerz, wo wir zum Wachstum von Liebe, Gerechtigkeit, Frieden und Einheit in der Welt beitragen können und uns engagieren für die Bewahrung der Schöpfung. So wie die Zunahme von Freude ein Merkmal ist, dass wir auf dem kontemplativen Weg vorwärtskommen, so ist auch das Wachsen von Mitgefühl ein weiteres Kennzeichen: einerseits tätige Nächstenliebe an dem Ort, wo wir leben und arbeiten. Andererseits barmherziges Mitfühlen mit allem Leben, geboren oder ungeboren, bekannt oder unbekannt, nah oder fern.

Es hilft, sich dabei Gleichgesinnten anzuschließen, um die Kraft des Tuns zu verstärken, um immer wieder Ausrichtung, Mut und Ansporn zu bewahren und um nicht in ruhelosen Aktionismus zu verfallen.

Denn »Gott zu schauen unmittelbar in seinem eigenen Sein«, ist für Eckehart zwar ein Weg, der aber »doch ein Zuhause-Sein«[36] ist; ein Weg, der ein »Heimweg«[37] ist. Dorothee Sölle spricht dabei von der »vita mixta«[38] – ich nenne es die *via integralis.* Zum Abschluss soll A. F., eine Schülerin, zu Wort kommen, die ihr Sitzen über das Schlüsselwort nachfolgend beschreibt:

»Nun frage ich mich beim Sitzen, wie soll ich das EINE in Worte fassen. Jedes Mal, wenn ich beim Sitzen GANZ DA bin, fühle ich mich in tiefem Vertrauen mit dem Strom der ewigen Liebe verbunden. Es füllt mich ganz aus, es ist ewig, aber auch ganz konkret genau jetzt. Ich atme dann bewusst das göttliche ›Ich liebe Dich‹ ein und atme mein ›Ich liebe dich‹ zu Gott aus.

Wenn ich das mache, rückt alles an seinen echten Platz. Ich weiß, dass ich ganz lebe. Und dass alles von diesem göttlichen Strom getragen wird. Wenn ich in solch einem Bewusstsein handle, wenn das Getragen-Sein zuerst ist, dann kann ich dienen, ohne dabei zu ermüden, ohne das Wesentliche aus den Augen zu verlieren. Es geht nicht um eine Aufforderung zur Passivität, sondern zu einer Aktivität, die das Wahre, Tragende kennt, das sich als getragen kennt.

Wenn ich diese Verbundenheit zu dem Strom nicht fühle, dann schufte ich, mache mir Mühen und werde von meinen Sorgen erdrückt, bin unbefriedigt, fühle mich vom Leben schlecht behandelt. Ich versuche das Leben zu kontrollieren, weil mir das Vertrauen fehlt. Sobald man DAS EINE hat, kann man sich Mühe machen ohne Sorge, einfach dienen, sodass es eine Freude ist. Denn man wird gleichzeitig selbst konkret von dem großen Strom bedient.

Ich kenne Martha gut in mir. Je eiliger ich bin, je mehr zu tun ist (ganz besonders wenn Gäste da sind, und das ist in unserem Leben sehr oft), desto mehr werde ich geschäftig und zerfranst, vergesse das Eine, Wichtigste. Es ist eine wichtige Lektion für mich, dieses Wort. Es ist gut, dass ich mich damit hier in einem langen Retreat auseinandersetzen muss, wo ich Zeit habe, das zu verinnerlichen, besonders aber lange Zeit habe, an dem Strom der Liebe zu sitzen und zu fühlen, wie dieser mich erfüllt, mich ganz macht, alles in Perspektive setzt, alles bereichert, was auch immer ich machen könnte. Das will ich im Alltag auch immer gegenwärtig haben!

Jegliche Sorge wird in seiner Gegenwart klein.

Nur Eines ist wichtig.

Und genau das zu fühlen, übe ich im Sitzen.«

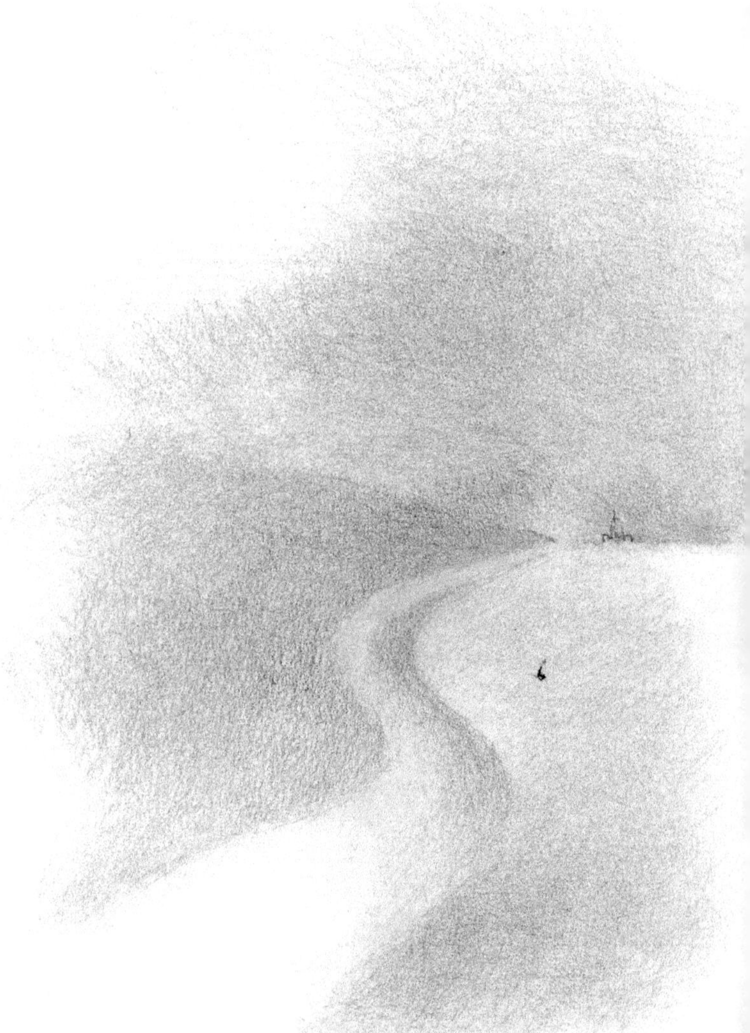

19. Ich bin der Weg, die Wahrheit und das Leben

Über diesem Schlüsselsatz habe ich sehr lange gesessen. Zunächst habe ich über den »Weg« meditiert, dann über die »Wahrheit«, dann über das »Leben«, um schließlich die Einheit dieses Satzes zutiefst zu erfahren. Und in mir ist die Frage aufgetaucht: Wer darf solch einen Satz sagen? Wer verkörpert in seiner Person den Weg, die Wahrheit und das Leben?

Diesen Satz, von Jesus gesprochen, finden wir in den sogenannten Abschiedsreden im Johannesevangelium, die uns wie ein Vermächtnis geschenkt wurden. Es sind mystische Worte von unglaublicher Dichte, sodass fast jeder Satz als ein Schlüsselsatz gelesen werden kann. Jesus bereitet seine Jüngerinnen auf die kommenden Ereignisse der Passion und den Abschied vor. Im Innersten erschüttert ringt er mit den Seinen: »Glaubt mir doch, dass ich im Vater bin und er in mir ist« (14,11). »Euer Herz beunruhige sich nicht und verzage nicht« (14,27). »Liebt einander, so wie ich euch geliebt habe« (15,12). Und er versichert ihnen immerwährende Verbundenheit und Nähe auch für eine ungewisse Zukunft. Thomas spricht die Frage aus, die wahrscheinlich alle Anwesenden bewegt: »Wir wissen nicht, wohin du gehst, wie sollen wir dann den Weg kennen?« (14,5). Nach dieser Frage klingt Jesu Antwort wie eine Offenbarung von höchster Gewissheit, ein souveränes Wort, das bis heute nichts von seiner Strahlkraft verloren hat: »Ich bin der Weg und die Wahrheit und das Leben. Niemand kommt zum Vater außer durch mich« (14,6).

»Ich bin der Weg«

Es ist ungewöhnlich, dass sich eine Person mit dem Bildwort »Ich bin der Weg« charakterisiert. Was sagt dieses Bild über Jesus aus?

Jesus ist zeitlebens auf dem Weg. In den Evangelien wird er uns als Wanderprediger geschildert, sodass er über sich selbst sagt: »Die Füchse haben ihre Höhlen, die Vögel haben Nester, ich aber habe keinen Ort, wo ich mein Haupt hinlegen kann« (Lk 9,58). Der Weg seines öffentlichen Auftretens beginnt mit der Taufe am Jordan, die Berufung und Initiation zugleich ist: »Du bist mein geliebter Sohn, an dir habe ich Gefallen gefunden« (Mk 1,11). Nach dieser Erfahrung wird Jesus vom Geist in die Wüste geführt, wo er 40 Tage lang geprüft wird und sich bewähren muss (Mt 4,1). Erst dann beginnt er zu verkündigen. Das Schlüsselwort Jesu ist das »Reich Gottes« (Mk 1,15). In all seinen Worten und in all seinem Tun ist er bemüht, es zu vergegenwärtigen. Er begegnet einem kranken Menschen, berührt ihn und sagt: »Sei los von deiner Krankheit.« Und der Mensch wird gesund. Er begegnet einem Menschen, der mit seiner Schuld nicht zurechtkommt und sagt: »Deine Sünden sind dir vergeben.« Und der Mensch atmet auf. Er wendet sich einem Menschen zu, der sich abmüht mit seiner täglichen Arbeit und sagt: »Folge mir nach.« Und der Mensch findet eine neue Lebensausrichtung. Er sammelt Menschen um sich, stiftet Gemeinschaft und sagt: »Ich bin bei euch alle Tage.« Er will den Menschen ganz, aufrecht, frei und lebendig. Schließlich führt ihn sein Weg nach Jerusalem. Hier muss er erfahren, dass sein Tun auf radikalen Widerstand stößt. Seine Hände, die berührt, geheilt, befreit haben, werden ans Kreuz gefesselt. Doch Jesus lässt sich von seiner Sendung nicht abhalten: »Vater, verzeih ihnen, denn sie wissen nicht, was sie tun« (Lk 23,34). »Es gibt für Gott und für ihn nichts Dringlicheres als die Befreiung des Menschen. Während sich in der Kreuzigung der ganze Widerspruch und Widerstand gegen Jesus verdichtet, ist von Jesus her sein Tod und seine Gewaltlosigkeit der letztgültige Ausdruck seines heilenden und aufrichtenden Willens: Der Tod Jesu ist die Konsequenz seines unbedingten Willens zum Leben.«[1]

Dieser WEG ist das Leben schlechthin, er schließt alles ein, die Liebe, das Scheitern, selbst den Tod. Jesus begreift sich identisch mit diesem Weg. Aber auch das ist für ihn nicht das Ende des Weges. In einer der eindrucksvollsten Ostergeschichten begleitet der Auferstandene zwei seiner Jünger nach Emmaus (Lk 24,13 ff.). Und als er ihren Blicken entschwindet, geht der Weg dennoch weiter in denen, die mit ihm unterwegs sind, und jenen, die ihm seit Jahrtausenden nachfolgen. In der Apostelgeschichte werden Christinnen und Christen »Menschen des Wegs« genannt (9,2). Sie sind Anhängerinnen und Anhänger dessen, der von sich selbst sagt: »Ich bin der Weg.«

Der Weg kommt nicht zum Ziel. Er geht immer weiter. Wenn Jesus sagen kann: »Ich bin der Weg, die Wahrheit und das Leben«, dann begreift er sein Leben als die Wahrheit seines Weges. Der Evangelist Johannes verdeutlicht in seinen sieben »Ich-bin-Worten«[2] je neu die Gottesoffenbarung an Mose im brennenden Dornbusch: »Ich bin für euch da!« Jesus ist die sichtbar gewordene Gestalt des unsichtbaren Gottes.

In der Kontemplation gehen wir zunächst den Weg nach innen, einen Weg, der das Tor zum Geheimen öffnet, der das verborgene Leben aufspürt. Es ist ein Weg der Verwandlung, auf dem wir Masken fallen lassen und uns selbst mehr und mehr »nackt« sehen. Wir erleben den Weg als einen Prozess, in dem das ursprüngliche Leben stufenweise offenbar wird. Pierre Teilhard de Chardin hat diesen Weg ganz wunderbar beschrieben: »… So habe ich – von dem man annimmt, dass er täglich meditiere! – vielleicht zum ersten Mal im Leben die Lampe genommen, den scheinbar klaren Bereich meiner täglichen Beschäftigungen und Beziehungen verlassen und bin hinabgestiegen in das Innerste meiner selbst, in jenen tiefen Abgrund, aus dem, wie ich es undeutlich fühle, mein Vermögen zu handeln aufsteigt. Und je mehr ich mich von den herkömmlichen Gewissheiten entfernte, die das Leben der menschlichen Gesellschaft oberflächlich erhellen, umso mehr habe ich erkennen müssen, dass ich mir selbst entglitt. Mit jeder Stufe, die ich hinabstieg, enthüllte sich in mir eine andere Persönlichkeit, deren genauen Namen ich nicht mehr nennen konnte und die mir nicht mehr gehorchte. Als ich meine Forschung aufgeben musste, weil der Weg unter meinen Schritten aufhörte, da öffnete sich vor meinen Füßen ein bodenloser Abgrund, aus dem, ich weiß nicht woher, der Strom floss, den ich mein Leben zu nennen wage.

Ganz erschüttert von meiner Entdeckung wollte ich wieder zum Tage emporsteigen und das beunruhigende Rätsel in der bequemen Umgebung der vertrauten Dinge vergessen – ich wollte das Leben an der Oberfläche wieder aufnehmen. Aber da sah ich sogar auf der Bühne der menschlichen Betriebsamkeit das Unbekannte, dem ich entgehen wollte, vor meinen gewarnten Augen wiederauftauchen. Diesmal entzog es sich nicht in die Tiefe eines Abgrundes. Es versteckte sich unter der Menge der sich überschneidenden Zufälle, aus denen der Stoff des Weltalls und meiner kleinen Persönlichkeit gewoben ist. Doch es war durchaus dasselbe Geheimnis. Ich habe es wiedererkannt. Unser Geist verwirrt sich, wenn wir die Tiefe der Welt unter uns auszumessen trachten. Aber er taumelt auch, wenn wir die günstigen Zufälle aufzuzählen suchen, deren Zusammenwirken in jedem Augenblick das kleinste Lebewesen erhält und gedeihen lässt. Außer dem Bewusstsein, ein anderer und ein größerer als ich zu sein, hat mich ein zweites schwindlig gemacht: die geradezu undenkbare und furchterregende Unwahrscheinlichkeit, mich lebend im Schoß einer wohl gelungenen Welt zu befinden.

In diesem Augenblick habe ich, wie jeder, der dieselbe innere Erfahrung machen will, die unausweichliche Trostlosigkeit, ein im Weltall verlorenes Atom zu sein, über mir schweben gefühlt – jene Trostlosigkeit, die täglich menschliches Wollen unter der überwältigenden Zahl der Lebewesen und Sterne zum Scheitern bringt. Und wenn mich etwas gerettet hat, so war es die durch göttliche Erfolge verbürgte Stimme des Evangeliums, die aus der tiefsten Tiefe der Nacht zu mir sprach: Ego sum, noli timere!«[3]

In diesem Text wird deutlich, dass der Weg nach innen gleichzeitig ein Weg nach außen ist. Teilhard beschreibt seine Erfahrung als nachhaltig, sie geht nicht verloren im Eintauchen in den Alltag. Ein Mensch, dem eine Durchbruchserfahrung geschenkt wird, erfährt das Leben als diaphan, das wesenhaft Göttliche leuchtet durch in allem, was ihm begegnet. Was vorher verborgen war, wird offenbar.

Auch im Zen wird oft vom Weg gesprochen. Niklaus Brantschen, den ich früher schon zitiert habe, sagt: »Zen ist kurz gesagt ein WEG – Weg großgeschrieben, denn er führt uns nicht irgendwohin, sondern zu unserem ursprünglichen Wesen.«[4] Von diesem Weg sagt Konfuzius:

»Der WEG liegt auf der Hand,
aber die Menschen suchen ihn in weiter Ferne.
Die Bauern benutzen ihn jeden Tag,
ohne sich dessen bewusst zu sein.
Nicht für einen Augenblick
können wir von ihm getrennt sein.
Wovon wir getrennt sein können, das ist nicht der WEG.«[5]

»Ich bin die Wahrheit«

»Ich bin dazu geboren und dazu in die Welt gekommen, dass ich für die Wahrheit Zeugnis ablege«, sagt Jesus zu Pilatus (Joh 18,37) und begründet damit seine Bestimmung in dieser Welt. Wahrheit ist ein wichtiger Begriff für Jesus im Johannesevangelium, denn »Wahrheit« steht für die Nähe zu Gott. »Die Wahrheit wird euch frei machen«, verheißt er den Seinen (Joh 8,32) und in der Abschiedsrede: »Dein Wort ist Wahrheit!« (Joh 17,17). Jesus spricht seinen Vater an mit diesem Satz. Er, der zu Beginn des Johannesevangeliums als Wort Gottes bezeichnet wird, sagt den Satz im letzten Teil der Abschiedsrede, kurz vor seinem Leiden und Sterben. Er könnte auch hier heißen: »Ich bin die Wahrheit«, und würde somit das ganze Evangelium rahmen.

Was ist Wahrheit?

In der katholischen Kirche glaubten wir lange, die Wahrheit in Dogmen einsperren zu können. Zweifellos verbirgt sich in den Dogmen, näher besehen, etwas von der zeitlosen Wahrheit. Und doch müssen sie in jeder Zeit neu gedeutet werden. Denn unterwegs zu sein, bedeutet, immer neue Perspektiven einnehmen zu können. Wenn ich wandernd in den Bergen auf dem Weg bin, bringt jeder Schritt ein anderes Bild zum Vorschein. In der Postmoderne hat sich die Ansicht durchgesetzt, dass Wahrheit vor allem subjektiv und damit relativ gewertet wird. Das war für viele von uns befreiend, aber die Frage bleibt: Ist etwas objektiv wahr? Was ist Wahrheit in einer sich verändernden Welt?

Ken Wilber spricht von zweierlei Wahrheitsbegriffen: von der absoluten Wahrheit und von der relativen Wahrheit.

»Die religiösen Traditionen und die Postmoderne sind eine Art Gegenspieler zum jeweils anderen: die Traditionen, die an einer Wahrheit festhalten, von der sie glauben, dass sie für immer unwandelbar ist, und die Postmodernisten, die leugnen, dass jegliche universale Wahrheit möglich sein könnte. Und was wir natürlich möchten, ist eine angemessene Mischung und Balance zwischen beiden. Es gibt einige sehr wichtige Wahrheiten, die wir nicht über Bord werfen sollten, wenn wir den Prozess der Individuation durchlaufen. Manche der formlosen und nicht-manifesten Wahrheiten werden für immer formlos und nicht-manifest sein. Aber in der Postmoderne leugnen wir einfach die Tatsache, dass es überhaupt universelle Wahrheiten geben könnte.«[6]

Während die relative Wahrheit für jede und jeden verschieden aussehen kann, ist die absolute Wahrheit zeitlos, berücksichtigt das

Ganze, sie integriert verschiedene Perspektiven, ist ein Ausdruck größerer Fülle und vollkommener Verbundenheit. Wir könnten auch sagen: Wahrheit ereignet sich da, wo der Mensch aus der Einheit mit dem Urgrund lebt bzw. aus der Einheit mit dem WORT, das Jesus ist. Ganz im Sinne Jesu, wenn er im Johannesevangelium sagt: »Wenn ihr in meinem Wort bleibt, seid ihr wirklich meine Jünger. Dann werdet ihr die Wahrheit erkennen und sie wird euch befreien« (8,31 f.).

Frei sein von jeglicher Täuschung und Illusion ist Kernbestandteil jedes Weges nach innen. Es geht um ein Sehen dessen, was wirklich ist. Martin Heidegger formulierte die berühmte These, dass der ursprüngliche Ort der Wahrheit nicht der in einem Urteil in Worten niedergelegte Satz sei, sondern das »tatsächlich gelebte Dasein«[7]. Das kommt dem Koan 19 aus Mumonkan sehr nah, in dem es so heißt: »Alltag ist der Weg!« Danach *geschieht* Wahrheit, sie entbirgt sich auf dem Weg, zeigt sich in einem Prozess und manifestiert sich in dem Maße, wie wir unseren göttlichen Kern in unser Leben integrieren. Auf diesem Weg werden wir uns unseres wahren Wesens und unserer Bestimmung bewusst, und es wächst die Bereitschaft, für deren Verwirklichung die dazu nötige Hingabe zu leben. Wenn das Christentum seine Wahrheit als ein Leben auf dem Weg begreift, dann hört die Wahrheit auf, die einzige, die dogmatisch richtige und für immer gleiche zu sein. Über diese Wahrheit müssen wir immer wieder miteinander im Gespräch sein. Das hält uns lebendig.

»Ich bin das Leben«

Leben ist einer der zentralen Begriffe im Johannesevangelium. Bereits im Prolog wird uns gesagt: »In ihm war das Leben und das Leben war das Licht der Menschen.« Und der Hymnus sagt weiter: Was immer entsteht, ist Leben durch ihn. Damit ist nicht nur die äußere Erscheinung der Dinge gemeint, sondern seine innere Bedeutung: Leben, das ist der Menschen Licht. Die Mystikerin Hildegard von Bingen sieht dieses lebendige Licht in der ganzen Schöpfung und beschreibt es mit unvergleichlichen Worten:

»Ich, die höchste und feurige Kraft,
Ich habe jedweden Funken von Leben entzündet
und nichts Tödliches sprühe Ich aus.
Ich entscheide über alle Wirklichkeit.
Mit Meinen höheren Flügeln umfliege Ich den Erdkreis,
denn mit Weisheit habe Ich das All recht geordnet.
Ich, das feurige Leben göttlicher Wesenheit,
Ich zünde hin über die Schönheit der Fluren,
Ich leuchte in den Gewässern und brenne in Sonne, Mond und Sternen.
Mit jedem Lufthauch, wie mit unsichtbarem Leben, das alles erhält, erwecke Ich alles zum Leben.
Die Luft lebt im Grünen und Blühen. Die Wasser fließen, als ob sie lebten.
Die Sonne lebt in ihrem Licht,
und der Mond wird neu vom Licht der Sonne entzündet.
Auch die Sterne geben aus ihrem Licht, wie wenn sie lebten, klaren Schein.
Ich zeuge verborgen in aller Wirklichkeit. Alle Wesen entbrennen in mir.
Durch mich erglüht und entbrennt das All.
So wie der Atem den Menschen unablässig bewegt
gleich der windbewegten Flamme im Feuer.
Dies alles lebt in seiner Wesenheit, und kein Tod ist darin.
Denn Ich bin das Leben.
Ich bin auch die Vernunft, die den Hauch jenes tönenden Wortes in sich trägt,
durch das die ganze Schöpfung gemacht ist.
Ich bin das ganze Leben.«[8]

Das sprühende Leben ist förmlich spürbar, und Hildegards Leidenschaft, dass wir dies begreifen und sehen sollen, ist auch für den modernen Menschen eine attraktive Botschaft. Es ist eine universelle dynamische Kraft, die hier beschrieben wird. Sooft ich den Text lese, meine ich, diese Kraft spüren zu können. Es gibt so viele Erlebnisse, die ich verbinden kann mit dieser Kraft. Ich erinnere mich an einen runden Geburtstag, an dem ich mir einen Sonnenaufgang auf dem Säntis im Appenzellerland geschenkt habe. Noch in der kalten Dunkelheit suchen wir uns einen nach Osten ausgerichteten Platz. Und dann: Ich vergesse nie das Licht, das zunächst den Horizont erhellt, rundherum sind die Konturen der umliegenden Berge sichtbar, aber schnell nimmt die Helligkeit zu. Aus dem zarten wird ein kräftiges Orange. Und dann taucht die Sonne aus dem Nichts auf, zunächst schaut sie hervor, um dann in einer Schnelligkeit, als ob sie es nicht erwarten könnte, als feuriger Ball die Welt zu erhellen und zu erwärmen. Wir stehen still und staunen. Warum nur ist unser Herz ganz weit, wir sind zu Tränen gerührt? Unsere ersten Worte in die Stille hinein sind: »Welch ein Wunder!« Mit dem Lobpreis »Vom Aufgang der Sonne bis zu ihrem Niedergang sei gelobet der Name des Herrn!« würdigen wir dieses Erlebnis.

Es tut gut, solche Zeiten inmitten unseres Alltags zu erleben und zu erfahren, wie sich innen und außen dialogisch berühren. Wenn wir das Leben achtsam wahrnehmen, beschenkt es uns mit Weite und Tiefe. Wir verpassen die Wunder des Lebens, wenn wir nur an Äußerlichkeiten hängen bleiben. Das Leben ist viel größer als unsere Fähigkeit, es zu erfassen. Wir können es erspüren, uns mitten drin vorfinden. Es geschieht, und wenn wir dessen gewahr werden, dann ist das pure Lebendigkeit, oder wir können es mit der Apostelgeschichte 17,28 als ein spirituelles Geschehen aussagen: »In ihm leben wir, bewegen wir uns und sind wir.«

Leben teilen: »Erzähl mir von deinem Leben!«, bitte ich eine Bekannte, die sich in einer Sabbatzeit befindet, weil sie gerade dabei ist, sich beruflich neu auszurichten. Wir sind miteinander auf einem

Spaziergang. Und sie, ganz glücklich darüber, dass ich ihr mein Ohr leihe, nutzt die Gelegenheit, ihr Leben Revue passieren zu lassen. Eine Geschichte reiht sich an die andere, ja, wir müssen das Erzählen in weiteren Spaziergängen fortsetzen. Sie erzählt von Freudvollem und Schmerzhaftem, von Träumen, die sich verwirklicht haben und die enttäuscht wurden, von Menschen, die sie geprägt haben, von Weggefährtinnen und -gefährten, die sie begleitet haben. Es entstehen Bilder aus der Kindheit und Jugendzeit, aus gelungenen und gebrochenen Beziehungen, aus Zeiten der beruflichen Entfaltung, aus Phasen des Wachsens und der Stagnation. Das Leben kommt zur Sprache. Und auch ich teile mein Leben, und einmal mehr wird mir bewusst, welch ein roter Faden sich durch mein Leben zieht, welche Werte und Überzeugungen mich getragen haben und wie die Krisen in meinem Leben Ausdruck von Wachstums- und Berufungsschüben gewesen sind. Selbst der Tod manch liebgewesener Menschen und meine Trauer um sie erweisen sich aus der Distanz als Kostbarkeiten.

Diese Erfahrung, in der wir miteinander unser Leben geteilt haben, wurde die Basis für eine Freundschaft. Indem wir unser Leben vergegenwärtigt haben, haben wir es gleichzeitig fortgeschrieben. Unsere fortdauernde Beziehung wurde zum unerwarteten Geschenk. Für mich war das eine Erfahrung der Verheißung Jesu: »Ich bin gekommen, damit sie das Leben haben und es in Fülle haben« (Joh 10,10).

Leben, das ist Verbundenheit – horizontal und vertikal. Albert Schweitzer sagte: »Ich bin Leben, das leben will, inmitten von Leben, das leben will.«[9] Wenn ich spüre, dass ich Leben bin inmitten von Leben, das lebt, dann fällt jede Trennung weg, und ich werde mir bewusst, wie alles miteinander in Beziehung steht. Evolution ist Leben, und mein persönliches Leben ist ein Ausdruck einer überfließenden Fülle. Wenn ich diese Verbundenheit mit allem Leben spüre, dann weiß ich mich gerufen, verantwortlich mit diesem Leben umzugehen. Das Erwachen zum lebendigen Bewusstsein verändert unsere Beziehung zu anderen Menschen und eröffnet eine neue Form der

Gemeinschaft. So können kollektive Bewusstseinsformen entstehen, in denen wir unsere Teilhabe am größeren Lebensprozess erfahren. Wir können uns für unsere gemeinsame Entwicklung als Menschen gegenseitig inspirieren.[10]

»Ich bin der Weg, die Wahrheit und das Leben«

Das sind Worte der Weisheit. Sie wollen mit dem Herzen erkannt werden. Für Jesus gehören diese Worte zusammen, und wer darüber meditiert, kann die Erfahrung machen, dass sie ineinandergreifen, ja synonym sind. Sie umgreifen das Ganze, ihre Vielschichtigkeit kann nicht gedacht werden. Aber die Bilder, die sich darin verbergen, lassen uns das Komplexe, für das sie stehen, erahnen. Simone Weil, die französische Philosophin, sagte: »Es gibt Wörter, die in sich die Kraft haben zu erleuchten und zum Guten zu erheben.«[11] Für mich gehören »Ich bin der Weg, die Wahrheit und das Leben« dazu. Es könnte auch meinen, der Weg führe hin zu Wahrheit und Leben. Oder Jesus möchte uns sagen, dass sein Leben als die Wahrheit seines Weges zu begreifen ist, bekräftigt und personifiziert durch das göttliche »Ich bin!«.

Es sind mystische Worte, und sie wollen in der Sammlung des Herzens erfahren werden. Wem das geschenkt ist, wird mit der Aussage von Graf Dürckheim einverstanden sein: »Der WEG ist das Leben in Menschengestalt, das sich in seiner Wahrheit darlebt. Das Christus-Wort ›Ich bin der *Weg*, die *Wahrheit* und das *Leben*‹ ist … das jedem Lebewesen einwohnende Wort.«[12]

Ein Schüler, O. D., drückt das in eigenen Worten so aus: »Die Lösung dieses Schlüsselwortes ist die tiefe Erfahrung, dass ich selbst es bin, der den Weg, die Wahrheit und das Leben verkörpert. So wie Christus in mir IST, darf ich, anteilig und dennoch völlig vollwertig, sagen ›Ich bin der Weg‹, denn in mir selbst will sich dieser Weg, diese Wahrheit und das Leben manifestieren. Lasse ich es durchbrechen, so verkörpere ich diese Wahrheit, verkörpere ich Christus, verkörpere ich Gott – und das soll überhaupt nicht blasphemisch gemeint sein. Anteilig bin ich Gott, aber der Urgrund lebt in mir und durch mich völlig vollständig. Es ist nur meine Ego-Illusion, meine rationale Dauerdenke, die mich hindert, das zu begreifen. ›Ich bin der Weg, die Wahrheit und das Leben‹ kann ich in dem Moment sagen, wo ein kleines Zipfelchen Erkenntnis meines eigentlichen Wesens durchblitzt. Dann wird es zum verwunderten, fröhlichen Schrei: ›Ha, mein eigentliches Wesen IST die Wahrheit, ist das Leben!!! Wahnsinn!!‹«

Was ich noch sagen wollte

Die Stimmen, die unseren Kirchen prophezeien, dass ihre Zeit in der jetzigen Gestalt vorbei ist, mehren sich. Eine davon ist Tomáš Halík, ein tschechischer Priester und Professor aus Prag, für den die leeren Kirchen in der Corona-Zeit Zeichen und Aufruf sind: »Vielleicht zeigt diese Zeit der leeren Kirchen den Kirchen symbolisch ihre verborgene Leere und eine mögliche Zukunft auf, die eintreten könnte, wenn die Kirchen nicht ernsthaft versuchen, der Welt eine ganz andere Gestalt des Christentums zu präsentieren.«[1]

Kein Zweifel, diese Zeit des Übergangs erschüttert viele Institutionen, auch unsere Kirchen. Corona ist dabei nicht die einzige Katastrophe. Die Missbrauchsskandale und ihr Umgang damit sind erschreckende Gründe für das zahlenmäßige Schrumpfen ihrer Mitglieder. Die Sprache, die in unseren Kirchen gesprochen wird, und die Sprache der heutigen Menschen berühren einander zu wenig, der Dialog zwischen Religion und Welt findet zu selten statt.

Die Wandlung ist tief greifend, und niemand kann Rezepte liefern für die Lösung dieses Problems. Es findet ein Paradigmenwechsel statt, und der braucht seine Zeit. Es nützt nichts, in einen Aktivismus zu verfallen, um dem Sterbeprozess etwas entgegenzusetzen. Was können wir also tun?

Ein Erstes ist sicher, diese Situation anzunehmen: Nicht zu wissen sowie miteinander und füreinander da zu sein, ist eine reife Qualität, die es heute braucht, vertrauend darauf, dass aus der Leere etwas Neues entsteht.

Ein Zweites ist: dass wir die Verantwortung nicht abgeben, sondern die Überzeugung nähren, dass es auf unsere Kraft und Macht ankommt, damit das Leben weitergeht. Halík rät uns: »Wir können diese Zeit als Kairos annehmen – als eine Zeit der Gelegenheit, ›in die Tiefen hinabzusteigen‹ und eine neue Identität des Christentums in einer neuen Welt zu suchen, die sich vor unseren Augen radikal verwandelt.«[2]

Eine Möglichkeit dazu, diese beiden Aspekte zu verwirklichen, ist es, zu kontemplieren, die Stille zu suchen, die inneren Kräfte zu aktivieren, der Kreativität zu vertrauen, die aus der Berührung mit dem inneren Raum entsteht. Über Schlüsselworte zu sitzen und eins zu werden mit ihnen, ist eine unauslotbare Ressource für ein Wiederentdecken von Mystik und Spiritualität. Es ist ein wunderbarer Weg, Tiefe und Weisheit in unserem Leben und im Leben unserer Kirchen aufleuchten zu lassen. Wir können Krisen und Wüstenzeiten transzendieren und die Erfahrung machen, dass es nur ein kleiner Schritt ist in eine große Lebendigkeit. Jede und jeder ist fähig, Gott zu vergegenwärtigen und dazu beizutragen, unser Leben, das Leben der Kirchen und das der Welt zu beseelen.

Das ist meine Weise, an der Erneuerung von Kirche und Welt und am Frieden für die Welt mitzuarbeiten!

Danksagung

Es bleibt mir, an dieser Stelle Danke zu sagen:

Zuallererst Niklaus Brantschen, dem Mitbegründer der *via integralis*, meinem langjährigen Lehrer und Zen-Meister für das wertschätzende Vorwort und auch für die Unterstützung, die ich durch ihn auf meinem spirituellen Weg erfahren durfte. Wie viele wertvolle Erfahrungen verdanke ich seiner Begleitung auf meinem Koan-Weg und wie viele Anregungen während der Ausbildung zur Kontemplationslehrerin *via integralis*. Das Gleiche gilt für Pia Gyger, meine langjährige Kontemplationslehrerin und Zen-Meisterin, leider viel zu früh verstorben. Sie hat mich motiviert, den Weg der Schlüsselworte zu gehen und an seiner Entfaltung mitzuarbeiten. Nicht zuletzt haben ihre Visionen mir geholfen, mein Leben reicher und lebenswerter zu machen.

Großen Dank für das zweite engagierte Vorwort von Hella Sodies und Oliver Deussen. Als Schülerin und Schüler und gleichzeitig als Lehrerin und Lehrer der *via integralis* haben sie auf der Basis ihrer Erfahrungen ihre Wertschätzung für das Buch und damit verbundene Anliegen in einer Weise ausgedrückt, die mich im Herzen berührt hat. Darüber hinaus haben mich die beiden in meinem Schreiben kritisch begleitet und inspiriert, oft ermutigt und motiviert in trockenen Phasen, sodass ich neu die Kraft der Verbundenheit erfahren durfte.

Die Allerersten, die meine Texte zu Gesicht bekamen und wohlwollend kritisch durchlasen, waren meine Freundinnen und Kolleginnen Thurid Brümmel und Barbara Alzinger. Mit ihnen konnte ich ebenso die Texte durchsprechen und bekam so manche ergänzende Idee, die mir weiterhalf. Wie bin ich dankbar für diese Unterstützung.

Von Herzen Dank allen Lehrerinnen und Lehrern der *via integralis*, die einen Beitrag zu diesem Buch geschrieben haben: Barbara Alzinger, Gabriele Geiger-Stappel, Winfried Semmler-Koddenbrock, Bernhard Stappel, Regula Tanner, Margrit Wenk. Diese Beiträge machen das Buch bunt und helfen ihm zu einer größeren Tiefe und Weite. Ein großes Geschenk sind die Bilder, die Monika Risse für dieses Buch gemalt hat. Es macht mich glücklich, dass auf diese Weise ein Gemeinschaftswerk der *via integralis* möglich wurde, das ihrem Wesen entspricht.

Nicht zuletzt danke ich vielen meiner Kolleg*innen von der *via integralis*, namentlich Margrit und Charly Wenk, Winfried und Renate Semmler-Koddenbrock, Isabell Herrmann, Claudia und Christoph Nothelfer, Esther Meier-Nabholz, Regula Tammer, Hella Sodies sowie mehreren meiner persönlichen Freundinnen, namentlich Elvira Viefhues, Thurid Brümmel, Elisabeth Lauber, Brigida Liccano, nicht zuletzt der Kontemplationsschule *via integralis* und meiner Gemeinschaft, dem Katharina-Werk für die finanzielle Unterstützung, die den Druck dieses Buches möglich gemacht haben.

Und einen großen Dank der Lektorin Dr. Johanna Oehler und dem Lektor Florian Pletscher vom Herder-Verlag, die mich in der Entstehung dieses Buches achtsam unterstützt, inspiriert und betreut haben.

Hildegard Schmittfull

Anmerkungen

Einleitung

1 Ken Wilber, Naturwissenschaft und Religion. Die Versöhnung von Wissen und Weisheit, Frankfurt/Main [2]1998, 219.

2 Vgl. Hannah Arendt, Vita activa oder vom tätigen Leben, München – Zürich 1999, 316 f.

3 Karl Rahner, Zur Theologie und Spiritualität der Pfarrseelsorge, in: ders., Schriften zur Theologie, Bd. 14, Zürich 1980, 161.

4 Pia Gyger (1940–2014) wurde 1996 von Aitken Roshi (1917–2010) in Hawaii zur Zen-Lehrerin mit dem Namen Ichi-Do (Leben aus dem grundlosen Grund) und 1999 von Glassman Roshi (1939–2018), New York, zur Zen-Meisterin mit dem Namen Jin Ji (das große Erbarmen) ernannt.

1. Entstehung und Heimat des Wegs der Schlüsselworte in der *via integralis*

1 Wilber, Naturwissenschaft und Religion, 265.

2 Niklaus Brantschen (*1937) wurde 1988 von Yamada Roshi (1907–1988) zum Zen-Lehrer Go-Un-Ken (Wolke der Erleuchtung) und 1999 von Glassman Roshi zum Zen-Meister mit dem Namen Jin Ju (Quelle Gottes) ernannt. Schon bald darauf erfolgte der Aufbau der Glassman-Lassalle-Zen-Linie.

3 Niklaus Brantschen/Pia Gyger, Via Integralis. Wo Zen und christliche Mystik sich begegnen. Ein Übungsweg, München 2011, 105.

4 Dies., Es geht um die Liebe. Aus dem Leben eines zölibatären Paares, München 2013, 87.

2. Wer oder was ist *via integralis*?

1 Ausführlich beschrieben in: Brantschen/Gyger, Via Integralis.

2 Ken Wilber, Ganzheitlich handeln. Eine integrale Vision für Wirtschaft, Politik, Wissenschaft und Spiritualität, Freiburg i. Br. [4]2010, 14.

3 Beide bezeichnen Zustände der Erleuchtung bzw. Einheitserfahrung.

4 Eine ausführliche und umfassendere Information ist nachzulesen bei: Niklaus Brantschen, Pia Gyger, Via Integralis, Wo Zen und christliche Mystik sich begegnen, ein Übungsweg, München, 2011.

3. Was ist Zen?

1 In: Ruben Habito, Barmherzigkeit aus der Stille. Zen und soziales Engagement, München 1990, 63.

2 Brantschen/Gyger, Via Integralis, 15.

3 Vgl. Yamada Koun (Hg.), Mumonkan. Zen-Meister Mumons Koan-Sammlung, München 1989, 24.

4 Vgl. Kakichi Kadowaki, Zen und die Bibel. Ein Erfahrungsbericht aus Japan, Salzburg 1980, 78.

4. Was ist Kontemplation?

1 Das innere Wort steht über dem äußeren Wort, J. Zink im Gespräch mit M. Kraus, Publik Forum Extra, 1999, 14

2 The Golden String, New York 1954, 558, zit. in: Gordon Mursell (Hg.), Die Geschichte der christlichen Spiritualität. Zweitausend Jahre in Ost und West, Stuttgart – Zürich 2002, 320 f.

3 Meint Spiritualität ohne Rede und Wort.

4 Willigis Jäger, Suche nach dem Sinn des Lebens. Bewusstseinswandel durch den Weg nach innen. Vorträge, Ansprachen, Erfahrungsberichte, Petersberg [5]1999, 77.

5 Ausführlicher beschrieben in: Brantschen/Gyger, Via Integralis, 65 ff.

6 Vgl. Louise Gnädinger (Hg.), Johannes Tauler, Olten – Freiburg i. Br. 1983, 38 f.

7 Vgl. Josef Sudbrack, Trunken vom hell-lichten Dunkel des Absoluten. Dionysius der Areopagite und die Poesie der Gotteserfahrung, Einsiedeln [2]2006.

8 Vgl. Marcel Steiner, Tiefe Stille – weiter Raum. Schweige-Impulse für jeden Tag, München 2009, 15 f.

9 Vgl. Jon Kabat-Zinn, Gesund durch Meditation. Das große Buch der Selbstheilung mit MBSR, München 2013.

10 Vgl. Maruscha Magyarosy, Intelligenz des Herzens durch die fünf »Tibeter«. Heilende Aussöhnung mit unserem innersten Wesenskern, Bern – München – Wien 1997, 41–45.

11 Karl Rahner, Warum Beten manchmal schwerfällt – und was daran gut ist, hrsg. v. Andreas Batlogg/Peter Suchla, Mainz 2020, 41 f.

5. *Via integralis* – eine Frucht des interreligiösen Dialogs

1 Niklaus Brantschen, Auf dem Weg des Zen. Als Christ Buddhist, München 2002, 12.

2 Pia Gyger, Eine größere Synthese. Persönliche Erinnerungen, in: Michael Seitlinger/Jutta Höcht-Stöhr (Hg.), Wie Zen mein Christsein verändert. Erfahrungen von Zen-Lehrern, Freiburg i. Br. 2004, 55.

3 Brantschen, Auf dem Weg des Zen, 25.

4 Zit. in: Niklaus Brantschen, Das Viele und das Eine. Für eine weltoffene Spiritualität, München 2007, 61.

5 Römisches Sekretariat für die Nicht-Christen, Die Haltung der katholischen Kirche gegenüber den Anhängern anderer Religionen. Gedanken und Weisungen über Dialog und Mission, in: Acta Apostolicae Sedis 76 (1984), 816–828.

6 Pierre Teilhard de Chardin (1871–1955), französischer Jesuit, Naturwissenschaftler und Mystiker, hat mit seinem evolutiven Welt- und Gottesbild Pia Gyger inspiriert für die Erneuerung der Gemeinschaft des Katharina-Werkes Basel.

7 *»Extra ecclesiam nulla salus«* ist die Kurzfassung eines Satzes von Cyprian von Karthago (200/210–258). Der Grundgedanke, dass es außerhalb der katholischen Kirche kein Heil gibt, wurde in der Allgemeinen Kirchenversammlung zu Florenz (1438–1445) als Dogma festgeschrieben.

8 Faustino Teixeira, Der Pluralismus als neues Paradigma für die Religionen, in: Concilium. Internationale Zeitschrift für Theologie, 43 (2007), 15–23.

9 In: Publik-Forum 37/7 (2008), S. 54 f.

6. Die letzte Wirklichkeit in der buddhistischen und christlichen Tradition

1 Karl-Josef Kuschel (Hg.), Christentum und nichtchristliche Religionen. Theologische Modelle im 20. Jahrhundert, Darmstadt 1994.

2 Neben dem historischen Buddha meint Buddha eine umgreifende transzendente, universale Wirklichkeit, die identisch ist mit der Allnatur, der sog. Buddha-Natur, der innersten Wirklichkeit in allen Wesen. Dieser Buddha hat viele Namen. Zudem sind alle Menschen eingeladen, Buddha zu werden bzw. zu sein. Diese Wirklichkeit ist m. E. der Christus-Wirklichkeit sehr nahe.

3 Mahayana, dessen Anhänger ihre Richtung als das Große Fahrzeug verstanden und das die Erlösung aller Menschen anstrebt, im Gegensatz zu Hinayana, dem Kleinen Fahrzeug, der älteren Richtung, das auf die eigene Befreiung des einzelnen Übenden zielt.

4 Mariko Fuchs, Ewig üben. Die Pädagogik des Zenmeisters, Münster u.a. 2009, 20.

5 Vgl. Bernard Glassman, Das Herz der Vollendung. Unterweisungen eines westlichen Zen-Meisters, Berlin 2003, 44 f.

6 Vgl. ebd., 34–39.

7 Vgl. Raimon Panikkar, Trinität. Über das Zentrum menschlicher Erfahrung, München 1993, 20.

8 Vgl. Adolf Haas, Teilhard-de-Chardin-Lexikon. Grundbegriffe – Erläuterungen – Texte, Bd. 2, Freiburg i. Br. 1971, 249.

9 Vgl. Seitlinger/Höcht-Stöhr, Wie Zen mein Christsein verändert, Freiburg i. Br. 2004.

10 Pierre Teilhard de Chardin, Ein personales Universum, in: ders., Die menschliche Energie, Olten – Freiburg i. Br. 1966, 70–124.

11 Bede Griffiths, Die neue Wirklichkeit. Westliche Wissenschaft, östliche Mystik und christlicher Glaube, Grafing 1990, 118.

12 Ebd., 118–119.

13 Ein Begriff, den Teilhard für das Ende der Zeiten formuliert, in dem die ganze Schöpfung personalisiert und heimgeholt ist in den Schoß des dreifaltigen Gottes – die ganze Schöpfung ist Leib Christi.

14 Vgl. Haas, Teilhard-de-Chardin-Lexikon, Bd. 2, 249.

15 Vgl. ebd., 252.

16 Vgl. Griffiths, Die neue Wirklichkeit, 119.

17 Zit. in: Henri de Lubac, Der Glaube des Teilhard de Chardin, Wien – München 1968, 23.

18 Johannes Kopp, Eins-Sein ist immer Eins-Werden, in: Seitlinger/Höcht-Stöhr, Wie Zen mein Christsein verändert, 82.

19 Quint, Meister Eckehart, 273.

20 Ebd., 24.

21 Vgl. Andrew Cohen/Ken Wilber, Das Zusammenspiel von Bewusstsein und Kultur, in: What is enlightenment, 30/2008.

22 Ken Wilber/Andrew Cohen, Die Evolution der Erleuchtung, in: Was ist Erleuchtung, 7/2002.

23 Ebd., 35 f.

24 Pierre Teilhard de Chardin, Frühe Schriften, Freiburg i. Br. – München 1968, 59.

25 Vgl. ders., Das Herz der Materie, Olten – Freiburg i. Br. 1990, 77.

7. Die Bibel als Wort Gottes

1 Timothy Dwight, 1752–1817, US-amerikanischer Geistlicher, Theologe, Gelehrter, Politiker und Dichter, zit. in: https://gutezitate.com/zitat/221401 (13.12.2021).

2 Zitiert nach Neue Zürcher Bibel (2007) / Joh. 1,1-10 © Theologischer Verlag Zürich

3 Diese Bedeutungsvielfalt ergibt sich u. a. anhand folgender Passagen: Hebr 1,2; 1 Kor 1,24; Kol 2,2–3; Kol 1,16; 1 Kor 8,6; Joh 1,10, welche den Logos als »Gottes Weisheit«, vereinigt in der Person Jesus Christus, definieren (vgl. Kol 2,3: »In ihm [Christus] sind alle Schätze der Weisheit und Erkenntnis verborgen«); 1 Kor 8,6: »… so haben doch wir nur einen Gott, den Vater. Von ihm stammt alles, und wir leben auf ihn hin. Und einer ist der Herr: Jesus Christus. Durch ihn ist alles, und wir sind durch ihn«; Hebr 1,2: »… hat er [Gott] in diesen letzten Tagen zu uns geredet durch den Sohn, den er eingesetzt hat zum Erben über alles, durch den er auch die Welt gemacht hat«; Joh 1,10: »Er war in der Welt, und die Welt ist durch ihn geworden, doch die Welt erkannte ihn nicht.«

4 Hans Weder, Ursprung im Unvordenklichen. Eine theologische Auslegung des Johannesprologs, Neukirchen-Vluyn 2008.

5 In: Entmythologisierung der neutestamentlichen Verkündigung. Bericht über den Aufsatz von Rudolf Bultmann aus dem Jahre 1941, in: Rudolf Bultmann, Neues Testament und Mythologie. Neu hrsg. von Eberhard Jüngel, München 1985, 42.

6 Horst Bannach (1912–1980), deutscher evangelischer Theologe, zit. in: https://www.evangeliums.net/zitate/horst_bannach.htm (13.12.2021).

7 Jörg Zink, Wes das Herz voll ist, der muss handeln. Spiritueller Impuls auf dem Ökumenischen Kirchentag in Berlin, 30. Mai 2003.

8. Schlüsselworte als Einweihungsweg

1 C. G. Jung, Psychologie und Alchemie, Olten – Freiburg i. Br. 1975.

2 Wir können Paradigmenwechsel gleichsetzen mit einem Entwicklungssprung der Menschheit. Grundlegende, seit Jahrtausenden gültige Muster im Verhalten der Menschheit werden infrage gestellt.

3 Vgl. Seitlinger/Höcht-Stöhr, Wie Zen mein Christsein verändert.

4 Kadowaki, Zen und die Bibel, 79.

5 Samadhi meint einen Bewusstseinszustand, von dem der Mystikforscher Carl Albrecht sagt: »Die Versunkenheit ist ein voll integrierter, einheitlich und einfach gefügter überklarer und entleerter Bewusstseinszustand, dessen Erlebnisstrom verlangsamt ist, dessen Grundgestimmtheit die Ruhe ist und dem als einzige Funktion eines nur noch passiv erlebenden Ichs die Innenschau zugeordnet ist. Das Versunkenheitsbewusstsein ist nicht dumpf, sondern stellt die höchste geistige Klarheit dar, zu der ein Mensch gelangen kann«, in: Psychologie des mystischen Bewusstseins, Mainz 1976, 105 ff.

6 Kadowaki, Zen und die Bibel, 79 f.

7 In: Das innere Wort steht über dem äußeren Wort, Jörg Zink im Gespräch mit Meinold Krauss, in: Mystik. Die Glut Gottes erfahren, Publik-Forum Extra 1999, 14.

8 Zit. in: Pierre Stutz, Leidenschaftlich leben. Hinführung zu einer mystischen Spiritualität, Vortrag beim 31. Evangelischen Kirchentag in Köln, 7.–9.6.2007.

9 Ken Wilber, Eine kurze Geschichte des Kosmos, Frankfurt a. M. 2004, 69.

10 Vgl. Mircea Eliade, Das Heilige und das Profane. Vom Wesen des Religiösen, Frankfurt a. M. 1990, 163 f.

11 Pia Gyger, Maria. Tochter der Erde, Königin des Alls. Vision der neuen Schöpfung, München 2005, 20.

12 Meister Eckehart, Deutsche Predigten und Traktate, hrsg. v. Josef Quint, München [7]1995, 185 f.

13 Vgl. Yamada Koun, Mumonkan, 24 ff.

14 Analog zum Einstiegswort »Mu« in der Zen-Tradition.

15 Heinrich Seuse, Das Buch der Wahrheit. Mittelhochdeutsch–Deutsch, hrsg. v. Loris Sturlese/Rüdiger Blumrich, Hamburg 1993, 35.

16 Angelus Silesius, Cherubinischer Wandersmann, 1. Buch, Vers 25, in: Sämtliche Werke, Bd. 3: Sämtliche poetische Werke, hrsg. v. Hans Ludwig Held, Wiesbaden 2002, 10.

17 Meditationshaus St. Franziskus (Hg.), Der Weg der Meister, Bd. 2, Dietfurt 1988, 255.

18 Martin Buber, Das dialogische Prinzip, Heidelberg 1973, 87–89.

19 Vgl. Kallistos Ware, The Orthodox Church, London 1997, 21; Übersetzung von Antonia-Michaela Himmel-Agisburg, in: Fama, 22/4 (2006): »Wenn Menschen dazu bestimmt sind, an der Herrlichkeit Gottes teilzuhaben, völlig eins mit Gott zu sein, bedeutet das im Letzten, dass Menschen vergöttlicht werden müssen: Sie sind dazu berufen, aus Gnade zu werden, was Gott aus Natur ist.«

20 Gyger, Maria, 52 f.

9. Das Lehrer*in-Schüler*in-Verhältnis

1 Johannes vom Kreuz, Lebendige Liebesflamme III, 46, zit. in: ders., Die lebendige Liebesflamme, hrsg. v. Ulrich Dobhan/Elisabeth Hense/Elisabeth Peeters, Freiburg i. Br. 2000, 147 f.

2 Karlfried Graf Dürckheim (1896–1988) begründete zusammen mit Maria Hippius die Initiatische Therapie in Rütte, Schwarzwald.

3 Vgl. Karlfried Graf Dürckheim, Der Ruf nach dem Meister. Die Bedeutung geistiger Führung auf dem Weg zum Selbst, München 1986, 5; auch wenn Dürckheim vom »Meister« spricht, meine ich, dass uns seine Gedanken auch für uns als Kontemplationslehrer inspirieren können.

4 Digha-Nikaya (Sammlung der Lehrreden) 16, 2, 25–26, zit. in: palikanon.com/digha/d26.htm (13.12.2021).

5 Vgl. Hugo Makibi Enomiya-Lassalle, ZEN-Unterweisung, München 1987, 24.

6 Vgl. Koan 1, Joshus Hund, in: Yamada Koun, Mumonkan, 29.

7 Vgl. Koan 41, Guteis Finger, in: ebd., 41.

8 Vgl. Koan 14, Nansen tötet die Katze, in: ebd., 91.

9 Vgl. Koan 23, Weder gut noch böse denken, in: ebd., 132–138.

10 92. Fall, Die Predigt des Welt-Erhabenen, in: Yamada Koun Roshi, Hekiganroku. Die klassische Koan-Sammlung mit neuen Teishos. Die Niederschrift vom blauen Fels, hrsg. v. Peter Lengsfeld, Bd. 2, München 2002, 367.

11 Vgl. 8. Fall, in: Yamada Koun, Mumonkan, 66–67.

12 Vgl. ders., Hekiganroku, Bd. 2, 455.

13 Vgl. Grace Schireson, ZenFrauen. Jenseits von Teedamen, Eisernen Jungfrauen und Macho-Meisterinnen, Berlin 2014.
14 Vgl. Teresa von Ávila, Die innere Burg, hrsg. v. Fritz Vogelsang, Zürich 1979, 45 f.
15 Vgl. Hans-Georg Türstig, Saktipata, in: Dialog der Religionen, 7 (1997), 27–43; das Erwachen dieser Energie beschreibt auch Gyger, Maria, 213–231.
16 Carl Friedrich von Weizäcker/Gopi Krishna, Die biologische Basis der religiösen Erfahrung, Frankfurt a. M. 1988, 85–87; vgl. Neuauflage: dies., Yoga und die Evolution des Bewusstseins. Die wissenschaftliche Grundlage der spirituellen Erfahrung, Amerang 2010.
17 Vgl. Klaus Mertes, Vorwort, in: Doris Wagner, Spiritueller Missbrauch in der katholischen Kirche, Freiburg i. Br. 2019, 5–12.
18 Vgl. Inge Hasswani, Macht und Freiheit, in: Visionen 9/16 (2012), 10–14.
19 Dürckheim, Der Ruf nach dem Meister, 40 f.
20 Aus einer Gründonnerstagspredigt von Regula Tanner, 2019.

10. NADA – Das Eingangs-Schlüsselwort

1 Erika Lorenz, Licht der Nacht. Johannes vom Kreuz erzählt sein Leben, Freiburg i. Br. 1990, 172.
2 Mein Kollege Bernhard Stappel hat verschiedentlich bei Veranstaltungen der *via integralis* über »Nada« referiert, von ihm sind in diesem Kapitel Textpassagen aufgenommen.
3 Vers aus dem Gedicht »Die Dunkle Nacht« von Johannes vom Kreuz, in: Sämtliche Werke, Bd. 2: Dunkle Nacht, München 1940, 180.
4 Koan 1, in: Yamada Koun, Mumonkan, 27.

11. Ehe Abraham wurde, bin ich (Joh 8,58)

1 Ken Wilber, Integrale Vision, eine kurze Geschichte der integralen Spiritualität, München 2009, 221.
2 Vgl. Rudolf Schnackenburg, Das Johannesevangelium. 2. Teil. Kommentar zu Kap. 5–12 (Herders theologischer Kommentar zum Neuen Testament, Bd. IV/2), Freiburg i. Br. 1985.
3 Ken Wilber, Integrale Vision. Eine kurze Geschichte der integralen Spiritualität, München 2009, 223.
4 Gyger, Maria, 157.
5 Quint, Meister Eckehart, 208.
6 Angelus Silesius, Cherubinischer Wandersmann, 1. Buch, Vers 32 f., 10.

12. Es ist wie mit einem Schatz, der in einem Acker vergraben ist (Mt 13,44)

1 Meditationshaus St. Franziskus (Hg.), Der Weg der Meister, Bd. 1, Dietfurt 1988, 16.
2 Ebd., 206.
3 Angelus Silesius, Cherubinischer Wandersmann, 1. Buch, Vers 300, 40.
4 Zit. in: Habito, Barmherzigkeit aus der Stille, 63.
5 Stephan Schuhmacher, Zen. Die unlehrbare Lehre, München 2001, 78.
6 Der Weg der Meister, Bd. 1, 195.

7 Johannes Kopp, Eins-Sein ist immer Eins-Werden, in: Seitlinger/Höcht-Stöhr, Wie Zen mein Christsein verändert, 79.

13. Es gibt nichts Verborgenes, das nicht offenbar würde, und nichts Geheimes, das nicht an den Tag kommt (Mk 4,22)

1 In: Die Entwicklung des spirituellen Menschen, 1975 (8)

2 Der Weg der Meister, Bd. 1, 133.

3 Zit. nach Gerhard Schweizer, Der unbekannte Islam. Sufismus – die religiöse Herausforderung, Stuttgart 2007, 119.

4 Jack Kornfield, Frag den Buddha und geh den Weg des Herzens, München 1995, 205.

5 Via integralis, Rezitationstexte »Ausrichtung der Kräfte«.

6 Ibn al-Arabi, Urwolke und Welt. Mystische Texte des »Größten Meisters«, hrsg. v. Alma Giese, München 2002, zit. in: Marion Küstenmacher/Timann Haberer/Werner Tiki Küstenmacher, Gott 9.0. Wohin unsere Gesellschaft spirituell wachsen wird, Gütersloh 2010, 273.

7 Herz-Sutra, aus dem Rezitationsheft der Stiftung Felsentor.

8 Ruben Habito, Zen leben. Christ bleiben, Frankfurt a. M. 2006, 131.

14. Im Anfang war das Wort (Joh 1,1)

1 De Trinitate V, 6–13, zit. nach Johann Auer/Joseph Ratzinger, Kleine katholische Dogmatik, Bd. 2: Gott, der Eine und Dreieine, Regensburg 1978, 314.

2 Vgl. Quint, Meister Eckehart, 185.

3 Zit. in: Reiner Wimmer, Simone Weil. Person und Werk, Freiburg i. Br. 2009, 128 f.

4 Im Gespräch mit Meinold Krauss, in: Mystik. Die Glut Gottes erfahren, Publik-Forum Extra 1999, 16.

5 Klaus Hemmerle, Schweigen für das Wort, in: Günter Stachel (Hg.), mumen muso. Ungegenständliche Meditation. Festschrift für Pater Hugo M. Enomiya-Lassalle zum 80. Geburtstag, Mainz 1978, 34.

6 Nietzsche, F., Briefe, An August Bungert, 14.3.1883, zit. nach www.zitate.eu/autor/friedrich-wilhelm-nietzsche-zitate/37714 (13.12.2021).

7 Quint, Meister Eckehart, 430.

8 Lorenz Marti, Wie schnürt ein Mystiker seine Schuhe? Die großen Fragen und der tägliche Kleinkram, Freiburg i. Br. 2004, 32 f.

9 Vgl. Raimon Panikkar, Wort und Schweigen, in: meditation. Zeitschrift für christliche Spiritualität und Lebensgestaltung, 30/2 (2004), 4.

10 Richard Rohr, Der göttliche Tanz. Wie uns ein Leben im Einklang mit dem dreieinigen Gott zutiefst verändern kann, Asslar 2017, 19.

11 Vgl. Panikkar, Wort und Schweigen, 4 f.

12 Vgl. Evolutionäre Dialoge, Tom Steininger und Katrin Karneth über eine neue Gesprächskultur, in: EnlightenNext Impulse 9/2013, 34–38.

13 Archiv zur Geschichte der Max-Planck-Gesellschaft, Abt. Va, Rep. 11 Planck, Nr. 1797.

14 Brian Swimme, Das Universum ist ein grüner Drache. Ein Dialog über die Schöpfungsgeschichte oder von der mystischen Liebe zum Kosmos, München 1991, 36; vgl. ders., Das verborgene Herz des Kosmos. Der Mensch im Einklang mit dem Universum, München 1997.

15 Swimme, Das verborgene Herz des Kosmos, 32–37.
16 Quint, Meister Eckehart, 182–187.
17 Vgl. Gnädinger, Johannes Tauler, 65 f.

15. Das ist mein Leib (1 Kor 11,23–26)

1 Gyger, Maria, 19.
2 Raimon Panikkar, Christophanie. Erfahrung des Heiligen als Erscheinung Christi, Freiburg i. Br. 2006, 194.
3 Ebd., 238.
4 Ebd., 237.
5 Vgl. ebd., 221.
6 Ebd., 231.
7 Ebd., 207.
8 Ebd., 249.
9 Ebd., 246–247.
10 Zit. in: Obiora Francis Ike, Der Rassismus in uns. Afrika und die Folgen des Kolonialismus, in: Herder Korrespondenz 74/9 (2020), 24.
11 Vgl. z. B. Alexander Lowen, Bioenergetik. Therapie der Seele durch Arbeit mit dem Körper, Hamburg 2008; Stanley Keleman, Verkörperte Gefühle. Der anatomische Ursprung unserer Erfahrungen und Einstellungen, München 1992; Bernhard Voss, Körperspuren. Ursachen körperlicher und psychischer Symptome verstehen und heilen, München 2020.
12 Aus Predigt 272, zit. in: https://www.augustinus.de/einfuehrung/texte-von-augustinus-mit-online-uebers/oesterlicher-festkreis/244-sermo-272-osterpredigt-fuer-neugetaufte (13.12.2021).
13 Vgl. Johannes Kopp, Gebet als Selbstgespräch. Gebet und Koan als Beziehung zu Gott in mir, Friedberg 2016, 45–57.
14 Vgl. Pierre Teilhard de Chardin, Lobgesang des Alls, Olten – Freiburg i. Br. 1964.
15 Der Text ist als Auszug aus dem Hymnus 15 der »Visionen« eine poetische Version in englischer Sprache (Übersetzer unbekannt); abgedruckt in: Cynthia Bourgeault, The Wisdom Jesus. Transforming Heart and Mind. A New Perspective on Christ and His Message, Boston – London 2008, 135 f.; ins Deutsche übertragen von Bernhard Stappel.

16. Der Wind weht, wo er will

1 Juris Rubenis/Maris Subacš, Gott versteht mich, Michelstadt – Riga o. J., 38.
2 Zofia Posmysz, Die Passagierin, Berlin 1969, 126.
3 Thomas Merton, Christliche Kontemplation. Ein radikaler Weg der Gottessuche, München 2010, 279.
4 Akincano M. Weber, Was macht meinen Alltag spirituell?, in: Hirschberg 63/3 (2010), 136–137.
5 Madeleine Delbrêl, Gott einen Ort sichern. Texte – Gedichte – Gebete, hrsg. v. Annette Schleinzer, Ostfildern 2002, 36.
6 Shundo Aoyama, Pflaumenblüten im Schnee. Aufzeichnungen einer japanischen Zen-Meisterin, Berlin 2002, 50.

17. Mein Leib, ein Tempel des Heiligen Geistes – Entdeckungen zu 1 Kor 6,17

1 *Nacktheit* ist für Johannes kein negativer Begriff, sondern synonym mit *innerer Freiheit*. Um zur *Gotteinung* zu gelangen, sagt er, muss der Mensch sich frei machen, also nackt werden in Bezug auf alles, was nicht Gott ist.

2 Bourgeault, The Wisdom Jesus, 135 f.

18. Maria und Martha (Lk 10,38–42)

1 Vgl. David Steindl-Rast, Ich bin durch dich so ich. Lebenswege, Münsterschwarzach 2019, 176.

2 Zit. nach: Fridolin Stier, Das Neue Testament, München – Düsseldorf 1989.

3 Gnädinger, Johannes Tauler, 390.

4 Angelus Silesius, Cherubinischer Wandersmann, 4. Buch, Vers 67, 118.

5 Ich verdanke diese Angaben der verstorbenen Theologin und Kontemplationslehrerin Beatrix Jessberger.

6 Vgl. Wolfgang Riehle (Hg.), Die Wolke des Nichtwissens, Einsiedeln [7]2004.

7 Ebd., 50.

8 Ebd., 67.

9 Ebd., 69–70.

10 Ebd., 75.

11 Teresa von Ávila, »Ich bin ein Weib – und obendrein kein gutes«. Die schönsten Texte der großen Mystikerin, übersetzt von Erika Lorenz, Freiburg i. Br. 2021, 96.

12 Vgl. Quint, Meister Eckehart, 280 ff.

13 Ebd., 281–282.

14 Vgl. ebd., 288.

15 Ebd., 286 und Friedrich Alfred Schmid Noerr, Meister Eckhart. Vom Wunder der Seele. Eine Auswahl aus den Traktaten und Predigten, Stuttgart 1989, 33.

16 Vgl. Der Weg der Meister, Bd. 2, 242.

17 Quint, Meister Eckehart, 288.

18 Ebd., 282.

19 Schmid Noerr, Meister Eckhart, 23.

20 Vgl. Quint, Meister Eckehart, 286.

21 Vgl. ebd., 284.

22 Vgl. ebd., 287 und Der Weg der Meister, Bd. 2, 145–149.

23 Quint, Meister Eckehart, 285.

24 Ebd., 283.

25 Vgl. Schmid Noerr, Meister Eckhart, 31.

26 Vgl. Der Weg der Meister, Bd. 2, 230.

27 Quint, Meister Eckehart, 288.

28 Ebd., 285.

29 Vgl. ebd., 283 und Schmid Noerr, Meister Eckhart, 32.

30 Der Weg der Meister, Bd. 2, 238.

31 Der Weg der Meister, Bd. 2, 244.

32 Vgl. Herbert Haag/Dorothee Sölle, Große Frauen in der Bibel. In Bild und Text, Sonderausgabe Freiburg i. Br. 1997, 272.
33 Ebd.
34 In: Dorothee Sölle, Mystik und Widerstand. »Du stilles Geschrei«, Hamburg [8]2006, 43.
35 Der Weg der Meister, Bd. 2, 245.
36 Quint, Meister Eckehart, 285.
37 Schmid Noerr, Meister Eckhart, 32.
38 Sölle, Mystik und Widerstand, 254.

19. Ich bin der Weg, die Wahrheit und das Leben

1 Dietrich Wiederkehr in: Johannes Feiner/Magnus Löhrer, Mysterium Salutis. Grundriss heilsgeschichtlicher Dogmatik, Bd. 5: Zwischenzeit und Vollendung der Heilsgeschichte, Einsiedeln – Zürich – Köln 1976,
2 Neben unserem Ich-bin-Wort sind es noch folgende: »Ich bin das Brot des Lebens« (6,35); »Ich bin das Licht der Welt« (8,12); »Ich bin die Tür« (10,9); »Ich bin der gute Hirt« (10,11); »Ich bin die Auferstehung und das Leben« (11,25); »Ich bin der wahre Weinstock« (15,1).
3 Pierre Teilhard de Chardin, Das göttliche Milieu. Ein Entwurf des innern Lebens, Olten – Freiburg i. Br. [7]1969, 71 f.
4 Brantschen/Gyger, Via Integralis, 15.
5 Zit. in: Niklaus Brantschen, Der Weg ist in dir. Anregungen zur Meditation, Zürich 1992, 78.
6 Andrew Cohen/Ken Wilber, Der Kosmos in uns. Wie wir uns als Menschen neu erkennen, in: EnlightenNext Impulse, 6/2012, 17.
7 Martin Heidegger, Gesamtausgabe, Bd. 27: Einleitung in die Philosophie, Frankfurt a. M., 109.
8 Schipperges, Hildegard von Bingen, 36.
9 Albert Schweitzer, Gesammelte Werke in fünf Bänden, Bd. 2: Verfall und Wiederaufbau der Kultur; Kultur und Ethik; Die Weltanschauung der indischen Dichter; Das Christentum und die Weltreligionen, München 1974, 377.
10 Vgl. Joachim Galuska, Bewusstes Leben. Über eine neue Kultur der Innerlichkeit, in: EnlightenNext, 8/2013, 29.
11 Zit. in: Wimmer, Simone Weil, 128 f.
12 Dürckheim, Der Ruf nach dem Meister, 85.

Was ich noch sagen wollte

1 Tomás Halík, Christentum in Zeiten der Krankheit, in: Münsteraner Forum für Theologie und Kirche, 2.4.2020, http://www.theologie-und-kirche.de/halik-theologie-pandemie.pdf (13.12.2021).
2 Ebd.